MI AMADO MÍSTER B

Autores Españoles e Iberoamericanos

LUIS CORBACHO

MI AMADO MÍSTER B

 Planeta

© 2004, Luis Corbacho

Diseño de cubierta: Peter Tjebbes
Composición interiores: Salgó Ltda.

Derechos exclusivos de edición en castellano reservados para todos los países de habla hispana.
© 2004, Editorial Planeta Chilena S.A.
    Av. 11 de septiembre 2353. Piso 16. Providencia.
    Santiago, Chile.

1ª edición: octubre, 2004

Inscripción N° 142.129
ISBN 956-247-354-6

Impreso en: Quebecor World Chile S.A.

A mi amado míster B.

Toda literatura es chisme.

TRUMAN CAPOTE

UNO

No puedo creer que todo el mundo aplauda a este boludo. "Si no fuera escritor, me hubiera gustado ser escritora". ¿A quién se le ocurre decir en la tele semejante huevada? Hace poco tenía un programa de entrevistas faranduleras a medianoche y ahora se las da de escritor. ¡Qué caradura! Con esa pinta de nerd y ese flequillo ridículo. Solo falta que nos venga a vender sus libros. Dos de la madrugada. ¡Mierda! Mañana tengo que estar en la revista a las nueve.

Último miércoles de agosto. Tarde fría y lluviosa. En la redacción es un día más. La edición de septiembre ya está cerrada y no queda mucho por hacer. Tumbados en los sofás de la sala de reuniones estamos Mariana, Fernando y yo, la directora y los dos editores de *Soho BA*, la revista más top de Buenos Aires. Fernando fuma como chimenea. Mariana no deja de lamer con ademanes fálicos su quinto chupetín del día. Desde que cambió cigarrillos por chupetines engordó diez kilos y elevó la frecuencia de sus ataques de histeria. Enfundada en una falda elástica color rojo furioso, empieza a darnos otro de sus tediosos discursos sobre la responsabilidad social que tenemos como medio de comunicación y una sarta

11

de pelotudeces. Fernando y yo la escuchamos fingiendo atención y procurando mantener la actitud sumisa que tanto valora nuestra querida jefa. Por suerte, su verborragia se ve interrumpida por el timbre del teléfono. Fernando me hace una mueca de alivio y nos reímos por lo bajo hasta que Mariana interrumpe con uno de sus exagerados gritos de espanto:

—¡Chicos, me olvidé! Era el representante de Felipe Brown, dice que nos está esperando hace media hora en el lobby del Plaza para la entrevista que teníamos pactada. ¿Qué hacemos?

—Yo voy —dice Fernando, resignado—. ¿No te acordás que me la habías dado a mí? ¿Y ahora qué le pregunto a este tipo? —Se toma la cabeza con ambas manos dejando al descubierto su abdomen flácido, blancuzco y peludo que sobresale debajo de su repetidísima camisa a cuadros mal combinada con ese pantalón negro que nunca se digna a cambiar. Así es Fernando: la estética ocupa el último puesto de su ranking, y ésa es una de las tantas razones por las que yo lo considero mi polo opuesto.

—No sé, inventa cualquier cosa, pero tomate un taxi ya para el Plaza, que no podemos quedar mal con la gente de la editorial —le ordena Mariana—. ¡Qué tarada, cómo se me pasó! ¿Al menos leíste el último libro de Brown, no?

—Ni el último ni el primero, ¡si es de cuarta! —contesta Fernando en tono burlón.

Yo me dedico a gozar la escena en silencio. Me encanta que la gorda soberbia se haya equivocado, y también saber que es Fernando y no yo el que tiene que salir corriendo para el centro en un día de lluvia a entrevistar a un personaje que no interesa en lo más mínimo. Sin embargo, siento culpa, lo admito. Así que prefiero sumar puntos con la jefa para que deje de quemarme la cabeza con sus odiosos sermones. Por otro lado, Fernando me da un poco de lástima.

—Te acompaño —le digo—. Dos cabezas piensan más que una. Vamos juntos y, si uno no sabe qué preguntar, salta el otro para ayudarlo, ¿te parece mejor así?

—Dale, te debo una.

Salimos apurados. En la puerta espera el radio taxi. Nos separan unos quince minutos hasta el hotel, que se prolongan por el tránsito y la lluvia. Tengo frío y sueño y la angustia que me viene antes de cada entrevista. Esta vez esa ansiedad se multiplica porque estoy de mal humor, apenas conozco al personaje, no preparé preguntas, no leí su libro y tengo miedo que Mariana me putee si la nota no sale interesante. No importa, me pagan por hacer esto, y cada vez que me preguntan a qué me dedico, me regocijo diciendo que soy el editor de *Soho BA*. Es lo que hay.

Durante el trayecto discutimos con Fernando los temas del reportaje. Llegamos a la conclusión de que no hay tiempo para preparar preguntas y que lo mejor será entablar una charla amigable y espontánea con la excusa de que somos una revista cool, desestructurada.

—Creo que es puto —me dice Fernando—. Lo mejor va a ser que yo le hable de política, que es mi tema, y que vos le hables de mariconadas, que es el tuyo.

Los dos nos echamos a reír. De todas formas, más allá del chiste, me parece una buena idea que yo hable de mi especialidad. Desde que Javier Castillo, el animador de moda en la televisión porteña, me confesó su homosexualidad en un reportaje, me encanta intentar que mis entrevistados hagan lo propio.

—Hecho, apliquemos la fórmula de siempre —le digo—. Vos hablá de temas serios y yo me ocupo del resto.

Finalmente llegamos al Plaza. Acordamos culpar a la lluvia por nuestro prolongado retraso y buscamos el bar del hotel. Al ingresar por la puerta giratoria veo a Horacio Peña, el encargado de prensa de la editorial que pactó nuestro reportaje con este escritorcillo, que para ser sincero, sus libros y sus confesiones bisexuales me dan lo mismo. Saludo a Horacio y me cuenta que la estrella está en plena charla con un periodista de la revista *Noticias*, que se nos adelantó porque llegamos tarde. Ahora éramos nosotros los que debíamos esperar. Mientras Fernando se excusa por la tardanza, alcanzo a echarle un vistazo a nuestro entrevistado. Está sentado con las piernas abiertas, los brazos sobre la mesa y parloteando sobre sí mismo como una cotorra. Me sorprende —y me gusta— que lleve puestos unos jeans y una campera de cuero negra porque las pocas veces que lo he visto en la tele aparecía siempre con un riguroso traje oscuro, anteojitos de intelectual y un flequillo de nerd que ya se había convertido en su marca registrada. Mientras cruzamos miradas me siento a la mesa de al lado y espero mi turno. Me doy cuenta de que él se ha fijado levemente en mí, pero me aterra la posibilidad de entablar el más mínimo juego de seducción. En aquel momento yo era (y, en cierta forma, sigo siendo) un novato en las cuestiones chico-chico, y me alteraba la sola idea de que un tipo me prestase atención. Me alteraba, digo bien, pero también me excitaba. Era tímido, pero no por eso falto de hormonas.

Mientras esperamos sentados junto a Horacio pido un agua sin gas y Fernando ordena un café. Horacio pregunta cómo va todo y nos felicita por el último número de la revista. Fernando acepta los halagos con algo de soberbia y expone su trillado discurso sobre medios gráficos, literatura y bla, bla, bla. Se mantiene relajado frente a la entrevista. Yo, en cambio, no dejo de sufrir sabiendo que no preparé ni una puta pregunta.

14

—Horacio, ¿de qué te parece que hablemos? —le pregunto al encargado de prensa.

—No te preocupes, este tipo siempre te tira letra —me dice absolutamente relajado—. Hablen de la bisexualidad, su tema preferido, de la tele... ¡ah! y del libro, obvio.

—Horacio, tengo que contarte algo —le digo en tono de confesión—. Ninguno de los dos leyó la novela. ¿De qué va?

—¡Pero qué profesionales resultaron los señoritos de *Soho BA*! No te preocupes, te la cuento rapidito. Es la historia de dos hermanos, uno banquero y otro pintor, que se ven enfrentados por una misma mujer. Básicamente eso.

—¡Uf! La típica novelita rosa —se queja Fernando.

—Buenísimo —digo—. Con eso me alcanza. Yo me encargo de la bisexualidad, de la novela rosa y del tema de la tele, y vos le hablás de literatura y de los conflictos políticos en América Latina, eso le va a encantar, que yo no entiendo un carajo del tema.

Fernando asiente y se baja de un solo trago el posillo de café negro. Deja la taza, prende un cigarrillo y le pregunta a Horacio sobre los próximos títulos de la editorial. Yo, como siempre (y en los momentos menos indicados), me veo amenazado por unas incontenibles ganas de aliviar la vejiga. Sin decir una palabra, me levanto y camino con aire distraído. Brown sigue derramando su cháchara frente al periodista de *Noticias*. Entro al baño, me paro frente al inodoro y hago lo que tengo que hacer. Una vez subida la bragueta, me lavo las manos, me mojo la cara, la seco y me miro al espejo. No puedo evitar la maricona manía de arreglarme el pelo para que quede lo más natural y perfecto posible. Brown me importa un carajo, es cierto, pero me echó igual una mirada. Si alguien que es famosillo y medio puto me mira, mi subconsciente me ordena inmediatamente que incurra en el coqueteo histérico. Frente al espejo del baño me arreglo todo lo que puedo, no con la esperanza de que pase algo con este peruano de cuarta, eso jamás, sino simplemente para sentirme un poquito observado, cosa que nunca viene mal para levantar el ego.

A mi regreso, Brown ya está libre y dispuesto a dar su quinta entrevista de la jornada. Según me cuentan, ha llegado a la Argentina, desde su casa en Miami, hace un par de días y la abultada agenda que le armaron incluye una extensa lista de medios gráficos y programas de televisión. Yo apenas reconozco su cara por un ciclo de entrevistas que él conducía hace varios años desde Miami y que en Argentina lo pasaban por Canal 9. Una grasada total.

—Chicos, su turno —nos dice Horacio—. Felipe, te presento a Fernando Suárez y a Martín Alcorta, los dos editores de *Soho BA*.

—Encantado —dice Brown con una sonrisa que intenta disimular el cansancio y la pesadez que delata su rostro.

Fernando le da la mano y yo lo saludo con un beso en la mejilla mientras pienso: "Cómo se te ocurre darle un beso, sos un desubicado". Siempre me pasa lo mismo cuando me presentan a un tipo: no sé si darle la mano o un beso, a veces hago un ademán con la mano y resulta que me quedo pagando porque él me pone la cara, y otras le estampo un beso y el chabón se me queda mirando con cara de asco. Brown me responde el saludo con todo gusto y se muestra exageradamente amable. Los tres nos sentamos alrededor de su té de menta y su agua mineral.

—¡Qué bonita su revista! —nos dice en tono de cumplido, hojeando el último ejemplar que acabamos de darle—. Tú eres...

—Fernando.

—Y tú eres Martín, claro. Encantado de conocerlos. ¿Comenzamos?

—Sí. Estás en Argentina por la presentación de tu libro, que se trata de... —arranca Fernando.

—"Los infieles" cuenta la historia de...

Fernando lo mantiene entretenido hablando de la novela. Yo no me atrevo a intervenir. Luego le pregunta sobre Chávez y el conflicto en Venezuela, lo que me inhibe aún más. A medida que Brown responde me pierdo entre las palabras, dejándome llevar por su perfume intenso y por la voluptuosidad de sus labios, rasgo que no había notado hasta que lo tuve enfrente. Hay algo en él que me atrapa.

—¿Por qué vivís en Miami? —pregunto sin desviar mi mirada de la suya.

—Porque ahí me siento libre y puedo escribir y hacer televisión sin que nadie me moleste. Me encanta Miami, es una ciudad en la que...

—¿Seguís casado? —ataco.

—No, estoy divorciado —responde algo incómodo.

—¿Cuándo te diste cuenta de que te podía gustar un hombre?

—Cuando tenía dieciocho años y me enamoré de un amigo de la universidad que nunca quiso saber nada conmigo.

—¿Por qué te casaste sabiendo que te gustaban los hombres?

Brown se queda pensando, parece que finalmente le hicieron una pregunta que se sale del libreto. Fernando sabe que esta es la parte que me toca y no se mete.

—Porque me enamoré de Zoe, la madre de mis hijas —se defiende.

17

—No sabía que tenías hijas...

—Sí, tengo dos, una de siete y otra de nueve.

—¿Qué les vas a decir de tu sexualidad cuando sean mayores?

—Que su papá se enamoró de su mamá, pero que también se puede enamorar de un hombre.

La respuesta no deja de asombrarme. Él se percata de mis ojos clavados en los suyos y me sigue el juego. Toma uno de los pequeños chocolates que acompañan su taza de té y, se lo mete en la boca mientras se relame los labios y me mira fijo. Por un instante me siento intimidado, pero decido continuar con eso que yo mismo inicié casi sin darme cuenta. Enseguida tomo otro chocolate e imito sus movimientos. Fernando me mira como diciendo: "No seas tan puto, por favor", y empieza a parlotear sobre la ética periodística en el negocio televisivo. Mi acto se acaba, creo que fui demasiado lejos. ¡Cómo puedo ser tan marica! Es la primera vez en mi vida que me hago el seductor, encima con un tipo y en medio de una entrevista... ¡qué papelón! Bueno, se acabó, mejor me callo y dejo que Fernando termine con esto. Además, la verdad es que ya no se me ocurre nada más que preguntar.

Por fin, Fernando acaba con su cuestionario y Brown para de hablar. Nos quedan diez minutos para las imágenes. El fotógrafo —que llegó un poco más tarde que nosotros— sugiere algunas poses para hacer un retrato simple. Nada de producción ni fotos raras, no hay tiempo para pensar en eso. Además, ¿a quién le interesa hacer fotos divertidas con un personaje tan poco fashion? Una vez que los flashes cesan es hora de despedirnos. Brown nos agradece la entrevista, saluda al fotógrafo, le da la mano a Fernando y me abraza de un modo bastante efusivo.

—Ha sido un gusto conocerte. ¿Tienes un celular al que pueda llamarte? —me pregunta con total descaro.

Yo, que no puedo evitar sentirme nervioso y avergonzado frente a mis compañeros de trabajo, apunto el número en una servilleta, intentando hacerme el distraído.

—Ahí te lo dejo. Un gusto haberte conocido, chau, suerte —le digo, haciéndome el desinteresado.

Finalmente saludamos a Horacio y dejamos el bar del Plaza. Una vez afuera, Fernando estalla en una carcajada.

—¡Te lo levantaste! ¡Sos terrible! ¿No te da asco?

—¿Vos creés que me va a llamar? ¡Estás loco! No me llama ni en pedo. Ese tipo ya le debe haber pedido el número a medio país, ¿no viste la cara de pervertido que tenía?

—No te hagas el boludo, bien que te calentó el peruano.

—No es mi tipo, vos sabés que me gustan más bien rubios y grandotes... ¡y sobre todo no tan mayores!

—No sigas, que me dan náuseas.

Se había hecho tarde para volver a la redacción. Fernando y yo, que somos muy amigos aparte de compañeros de trabajo, decidimos ir a tomar unos tragos para luego comer con Lola, la columnista de sexo de la revista que calentaba a Fernando y estaba caliente conmigo. Llamamos a Lola a su celular y acordamos encontrarnos en Bar 6, uno de los lugares más top de Palermo Soho.

Una vez sentados en los sillones de cuero del restaurante, Fernando con su copa de vino tinto y yo con mi mojito, vemos entrar a nuestra apasionada (por no decir, calenturienta) amiga. Lola nunca pasa inadvertida, tiene un rostro pálido de facciones casi perfectas que se iluminan con sus ojos azul intenso, siempre lleva ropas ajustadas y diminutas que dejan al descubierto su finísima capa de piel blanca. Los dos la saludamos con un

fuerte abrazo y nos disponemos a escuchar sus interminables historias sexuales. Mientras nos cuenta los detalles del tacto rectal que le practicó uno de sus amantes
durante la semana de vacaciones que pasaron juntos en
Punta del Este, llega mi segundo mojito, el que me provoca los primeros síntomas de una borrachera. Al encender su tercer cigarrillo, Fernando interrumpe
bruscamente la conversación:

—¡Ah! ¡No te conté! —grita dirigiéndose a Lola—
¿Sabés a quién se levantó en medio de un reportaje el
puto éste? ¡A Felipe Brown!

Lola no sale de su asombro.

—No te puedo creer, ¡contáme todo! —dice con esa
mezcla de envidia y euforia típica de las mujeres cuando
alguna de sus rivales se levanta al tipo que ellas quisieran
haberse levantado.

—Solamente me pidió el celular, pero no creo que
me llame, y si me llama no va a pasar de eso. A mí, la
verdad no me interesa —me defiendo.

—Te va a llamar, estoy segura. Te quiere coger, ¡está
caliente con vos! ¡Qué envidia! Ese tipo se puede acostar
con quien le dé la gana, y te eligió a vos... ¡Sos un bom-
bón! —grita y se acerca a darme un beso en la mejilla.

—¿Será activo o pasivo? —pregunta Fernando en tono
burlón.

—¡No jodan! ¿No se dan cuenta que ya fue? No va a
llamar. Además, a mí me da igual.

En el fondo moría de ganas de recibir su llamado, no
por tener la intención concreta de iniciar una aventura,
sino más bien por el simple hecho de sentirme deseado,
sobre todo teniendo en cuenta que se trataba de alguien
famoso.

La comida transcurre entre conversaciones triviales y constantes insinuaciones de Fernando hacia Lola, que no para de hablar de las reacciones de su clítoris y de sus noches multiorgásmicas. Yo no participo mucho de la conversación y procuro mantenerme pendiente del celular. Lola decide retomar el tema de mi reciente conquista con otro de sus vulgares pero divertidísimos comentarios:

—A mí, Brown me parece un tipo súper inteligente. ¿Te imaginás la charla que podés tener con ese hombre en la cama después de haberle roto el orto?

Fernando lanza una carcajada violenta que se multiplica gracias a los efectos del vino. Yo me río con desgano y decido responder a la segunda urgencia urinaria de la noche. Me levanto de la mesa, subo las escaleras y entro al baño. Una vez frente al inodoro siento el sonido de mi celular, meto la mano temblorosa en el bolsillo y atiendo con el corazón palpitando a mil revoluciones por minuto.

—¿Hola?

—¿Hablo con Martín Alcorta?

—Sí, ¿quién es?

—Soy Felipe Brown, ¿interrumpo?

DOS

Esa noche me costó dormir. Había acordado una cita
con el mismísimo Felipe Brown en su suite del Plaza, sin
tener la menor idea de lo que podía llegar a suceder. Era
la primera vez en mi vida que me encontraría con un
desconocido (súper conocido, por cierto) en su cuarto
de hotel. Decidí no decirle nada a nadie. El pudor me
obligó a mantener el silencio. Brown me llevaba varios
años y la imagen que proyectaba en la televisión no era
precisamente el prototipo con el que un chico como yo
pudiera llegar a tener algo. Sus casi cuarenta años, su
riguroso traje oscuro, esos anteojos, ese peinado... ¡me
daba vergüenza reconocer que pudiese llegar a gustar-
me! Pero más allá de lo que dijeran los demás (o de lo
que era capaz de pensar yo mismo), una fuerza exterior
a mi razonamiento me inducía a seguir con ese juego
que recién comenzaba.

A las seis en punto de la tarde del jueves siguiente me
presenté en la recepción del Plaza. Para escaparme de la
oficina sin recibir un sermón, le dije a Mariana que tenía
un turno con el dentista y le pedí permiso para salir.
Quince minutos antes de la hora pactada con Brown tomé
un taxi hacia el hotel. Llevaba puesto mi jean preferido
(el de Gap, ese que viene con un washed system que da
el efecto desgastado en la zona de las piernas), una polera

bordó oscuro de manga larga recién compradita en Zara y mis Nike color arena. Sobre el hombro izquierdo colgaba cruzado un bolso negro en el que guardaba el celular, un libro de David Leavitt, dos ejemplares de *Soho BA* y el infaltable discman. Por las dudas —y acá entra en juego mi costado promiscuo—, procuré usar la ropa interior adecuada para que, en caso de ser descubierta, proyectase en mi cuerpo una perfecta sensación de armonía y pulcritud. En otras palabras, me puse uno de mis calzones nuevos de Caro Uomo, blancos y ajustados.

—Buenas tardes, busco al señor Felipe Brown, habitación 902 —me presenté.

—¿Su nombre? —preguntó seca la amargada del front desk.

—Martín Alcorta.

—Un momento por favor —dijo mientras discaba sin ganas— si quiere puede esperarlo en el bar o si prefiere puede subir a su suite.

—Subo —dije sin pensar.

En ese momento, mi lado más aventurero parecía dispuesto a todo. Brown, que se supone interpreta el papel de experto sexual en esta historia, me propone tomar un té en el bar y yo prefiero subir directamente a su habitación. ¿Cómo fue que pasé de ser lo más cercano a un célibe joven numerario del Opus Dei a un taxi boy porteño en menos de 24 horas? Esa y otras preguntas rebotaban en mi cabeza a medida que pasaban los niveles previos al noveno piso. Mientras subía el ascensor, no dejaba de mirarme al espejo para controlar que todo estuviera en su lugar: el paquetito de pañuelos de papel acomodado en el bolsillo derecho de adelante del jean para ensanchar un poco las caderas, la billetera dispuesta en el bolsillo de atrás (para agrandar las pompis), el pelo prolijamente despeinado (efecto teen pop star salido de un reality show) y el chicle extra mentolado recién sacado de la boca para mantener el aliento fresco sin tener que estar mascando como un energúmeno.

Salí del ascensor y busqué el número de la habitación. La 902 se encontraba al fondo de un extenso pasillo que se me hizo interminable. Finalmente di con la puerta y me anuncié. Mi cuerpo no dejaba de temblar. Sentí temor y excitación.

—Hola —dije tras una sonrisa tímida.

Ahí estaba Brown, vestido igual que el día anterior y con unas pantuflas azules en los pies. Se mostró contento al verme.

—¿Cómo has estado? —dijo y me dio un abrazo—. Pasa, adelante.

—Gracias, permiso.

—Siéntate.

La suite era imponente. Nunca me había hospedado en una tan lujosa. En la sala se encontraban cómodamente distribuidas una mesa con varias sillas, un escritorio en el que descansaba la laptop, el minibar y dos sofás.

—¿Qué quieres tomar? —preguntó, acomodándose en uno de los sillones.

—Nada, estoy bien así —respondí tímido.

—¿Un poco de agua?

—Bueno, gracias.

Se acercó al minibar, abrió la heladerita y sacó una botella de Evian. Yo aproveché para estudiarlo un poco. Sus movimientos eran pausados y desprovistos de toda torpeza. Alcancé a reparar en su importante estatura y en la contextura ancha de su espalda, ambos atributos le sumaron varios puntos. La parte de atrás, las sentaderas, tampoco estaban nada mal.

—Me encantan las botellitas de Evian, son uno de mis objetos fetiche —dije haciéndome el esnob.

—A mí también —respondió sin demostrar interés en mi comentario—. Cuéntame, ¿así que eres el editor de esta revista? —preguntó con un ejemplar en sus manos—. ¿Y qué edad tienes?

—Veinticuatro

—¡Qué bien! ¡Tan joven y con tanta responsabilidad! Te felicito, debes de ser muy inteligente.

—No creas, fue una cuestión de suerte —dije, haciéndome el humilde.

—No lo creo. Y dime, ¿vives con tus padres?

—Por ahora, sí, pensé en tomar un departamento, pero estoy muy cómodo con ellos en su casa de San Isidro —Mentira. Muero por tener mi propio departamento, pero con la miseria que me pagan en esa revistucha solo me alcanzaría para un mono ambiente en Caballito, y yo no estoy para eso.

—Qué bueno, vivir en casa de tus padres es siempre más cómodo, nunca te falta nada. Haces bien en estar con ellos. ¿Tienes hermanos?

—Sí, dos mujeres y dos varones. Josefina, la mayor, tiene veintiocho años y es abogada. Después vienen Ignacio y Florencia, los mellizos, de veintiséis. Ignacio está casado y tiene una beba, Flor todavía vive en casa y trabaja como secretaria, a ninguno de los dos le gusta estudiar. Después vengo yo, que estoy en el medio, y Javier, que tiene 15 y va al colegio.

—La mía también es una familia numerosa, yo soy el tercero de diez hermanos. Somos ocho varones y dos mujeres.

—¿Diez hermanos? —pregunté fingiendo asombro.

—Sí, es que mi madre es del Opus Dei.

—Aunque no lo creas, yo también era del Opus Dei —dije, buscando sorprenderlo—. En mis primeros años de facultad iba todas las tardes a una residencia universitaria de esa secta de lunáticos.

—¡No! ¿Cómo así eras del Opus Dei?

—No sé, me agarraron muy solo, confundido. Supongo que necesitaba olvidarme del sexo, evadir el tema gay, no sé. Además, me ayudaban mucho con la universidad, eran todos muy estudiosos.

—Yo odiaba a los beatos del Opus. Pero no hablemos de eso ahora, que tengo poco tiempo. En un rato pasan por mí para llevarme a una firma de ejemplares en La Boutique del Libro. Cuéntame una cosa, y disculpa si suena un tanto rudo lo que te voy a decir, pero me gustaría saber... ¿Sales con chicas o con chicos?

—... Ahora estoy en una etapa en la que prefiero a los chicos —tardé en contestar.

—Pero has salido con chicas...

—Sí, tuve dos novias.

—¿Y chicos?

—Estuve con uno hasta hace poco, pero me dejó.

—¿Te dejó? ¿Cómo va a ser? Si eres tan lindo... —dijo acercándose.

Cuando sentí que era el momento de la acción, entré en pánico. Si bien ya había tenido un par de aventuras casuales con chicos de discotecas (solo tocaditas, nada doloroso), esta vez quedé paralizado frente a Brown. Había algo en él que no me terminaba de convencer: era un tipo raro, hablaba raro, miraba raro y, seamos sinceros, a simple vista su cuerpo no me resultaba precisamente irresistible. Me gustaba, sí, pero no era una cosa que me derritiera, que me provocase esas cosquillitas riquísimas que mancharon mi pantalón el día que entrevisté al bombonazo de Javier Castillo.

Durante los segundos que pasaron mientras yo pensaba todas estas huevadas, Brown ya se encontraba sentado a mi lado con una de sus manos acariciándome el hombro izquierdo y la otra tocándome los labios.

—Ahora no quiero hacer nada —dije torpemente, alejándome con movimientos bruscos.

—¿Nada de qué? —preguntó asombrado, tratando de sonar lo más natural del mundo.

—¡Nada de nada, te acabo de conocer!

—Si te refieres a tener sexo, a mí me da igual. Estamos conversando, solo quería conocerte, pero si nos acostamos o no, eso me da exactamente igual —dijo, a la defensiva.

Su reacción me dejó helado. Por primera vez sentí que había dejado de ser amable y eso me molestó, pero lo que más me dolió fue saber que yo no era objeto de su deseo, que no moría por cogerme, que no estaba caliente conmigo.

—A mí también me da igual —dije con la mayor dignidad que pude.

Antes de dejarme seguir dando explicaciones estúpidas, me pidió un segundo y se marchó al otro ambiente de la suite, donde estaba la cama. Prendió el televisor, puso Canal 13, me dijo que le habían hecho una entrevista en un programa de la tarde, quería verla y si no me molestaba que prendiera la tele cinco minutos.

—No, todo bien —le dije, aunque pensé: "¡Qué tipo más egocéntrico!".

Vimos juntos la entrevista. Habló de la bisexualidad, como siempre, y de su última novela. Ni bien terminó su show apagó la tele y me dijo que en diez minutos lo pasaban a buscar para ir a la firma de libros, pero que a su regreso podíamos vernos y tal vez comer juntos.

—Perfecto —asentí sin dudar—. Cuando termines con eso me llamás al celular y hacemos algo.

Mientras hablaba recogí mi bolso, me lo crucé en el hombro y caminé hacia la puerta. Brown me acompañó pidiéndome disculpas por haber tenido que cortar tan abruptamente la reunión. Nos despedimos con un abrazo, que él se encargó de prolongar para seguir con un beso en la boca, aunque yo estaba tan confundido y nervioso que no alcancé siquiera a mover los labios, y me fui lo más rápido que pude.

Salí del Plaza y caminé por Santa Fe con pasos agitados. Lo que acababa de ocurrir me resultaba muy extraño, pero tenía ganas de más y ni por un segundo dudé en volver a ver a Brown. Ya se había hecho de noche y, confiando en que me llamaría en un par de horas para encontrarnos de nuevo, decidí pasar por el departamento de mi abuela para visitarla y hacer tiempo hasta la noche. Si regresaba a la casa de mis padres en San Isidro, a casi una hora del centro, después sería más complicado volver. Además, con la excusa de dormir en lo de mi abuela, no tendría que darles explicaciones a papá y a mamá si me preguntaban dónde pasaría la noche.

Luego de diez minutos de taxi llegué al viejo departamento de la calle Scalabrini Ortiz, donde mamá había crecido y mi abuela seguía viviendo. Toqué el timbre y me atendió Gladys, la mucama, con su impecable uniforme negro. Después de saludarnos en la recepción me hizo pasar al comedor, donde mi abuela terminaba de tomar el té con otras tres señoras tan pituconas como ella.

—¡Martincito, qué sorpresa! —exclamó al verme. Llevaba puesto un trajecito amarillo claro con una flor lila en la solapa. Su inquebrantable alegría y buen semblante no delataban los setenta y cinco años que había cumplido hacía poco.

—Isabel, ¿cómo estás? —dije con mi mejor sonrisa de nieto exitoso. La llamé por su nombre porque en mi familia siempre se consideró de mal gusto llamar a los parientes por el cargo familiar.

—Yo, muy bien, sentáte, querido. ¿Te acordás de Chicha, Elenita y Raquel? —dijo, girando la cabeza hacia sus amigas.

—¿Cómo no me voy a acordar? —pregunté alegremente mientras me acercaba a saludar a cada una de las tres viejas. Si sabía que la casa iba a estar con el circo completo ni aparecía.

—Sentáte, Martincito. ¿Tomaste el té? —preguntó mi abuela.

—No —contesté, mientras me relamía con las tortas, masas y medialunas de esa mesa imponente. Fue ahí cuando reparé en que no comía nada desde el almuerzo.

—Bueno, acá tenés un lugar. ¡Gladys! Servile una taza de té a Martincito.

Antes de sentarme pasé al baño a lavarme las manos y acomodarme un poco el pelo. Una vez en la mesa, arremetí contra las masitas, que son mi perdición. Las tres viejas no me sacaban los ojos de encima.

—¿Venís de la revista? —dijo mi abuela, para que todas sus amigas supieran que soy un chico responsable y bien educado que se dedica a escribir.

—Sí —mentí.

—¿Y cuántos artículos escribiste este mes? —volvió a preguntar, mientras ensayaba una sonrisita de orgullo frente a las viejas mironas.

—¿No te acordás que te conté que soy editor? Ya casi no hago notas. Ahora, digamos que controlo lo que hacen los demás.

—¿Así que te ascendieron? ¡Pero qué bien!

Asentí con cara de boludo alegre y tomé un poco de té. El cuestionario recién empezaba.

—¿Y seguís de novio con la chica de Larreta... cómo se llamaba? —siguió.

—Victoria.

29

—¿La hija de Mauricio? —intervino una de las viejas.

—Sí —contestó mi abuela gozando la escena—. ¿Seguís con esa chica, Martincito?

—No, ahora somos amigos, estamos en un impasse.

—Isabelita, vos viste cómo son los chicos de ahora, se pelean y a los dos días vuelven —opinó Raquelita haciéndose la moderna.

Que sabrás vos, vieja de mierda, pensé. Si te contara que vengo de estar en la suite de Felipe Brown y esta noche pienso acostarme con él, te caes de culo al piso.

—Sí, seguro que vuelven —asintió mi abuela—. Esa chica te conviene, Martincito.

—Puede ser... —respondí haciéndome el interesante—. Ahora, si me disculpan, tengo que hacer unas llamadas —me excusé.

Dejé la silla, le di un beso a cada vieja y salí corriendo al cuarto de huéspedes, donde duermo cuando me quedo en ese departamento. Cerré la puerta con llave y me tiré en la cama a descansar un rato. Dejé el celular en la mesa de noche a la espera del llamado de Brown. Me quedé medio dormido. Pasó una hora y el móvil no sonaba. Prendí la tele y dejé pasar otra hora. Nada. Bueno, me cagó, pensé. Le debo haber parecido horrible, se habrá dado cuenta de lo tarado que soy, seré el décimo en su lista de llamados.

Esa noche fue deprimente. Terminé comiendo frente al televisor y escuchando las noticias a todo volumen con mi abuela sentada al lado. Me fui a dormir muy triste. ¿Por qué no habrá llamado?, pensé una y otra vez.

Más tarde, desperté sobresaltado con la aguda chicharra del celular. Antes del último ring alcancé a atender. El reloj marcaba la una y media.

—¿Hola?

—Soy Felipe Brown, ¿te he despertado?

—No. ¿Qué tal, cómo estás?

—Perdóname por no haberte llamado antes, pero a la salida de la librería me habían organizado una cena y no podía escaparme.

—No hay problema, ¿querés que nos veamos ahora?

—No sé, me encantaría, pero creo que ya es un poco tarde. Ayer tuve una noche agitada, y yo si no duermo no funciono.

—Si querés podemos dormir juntos... —me atreví.

No sé de dónde saqué esa frase, se ve que estaba medio zombi, pero había algo en Brown que me atraía y me permitía ser todo lo puto que nunca había sido.

—...

—Sorry, olvidáte, no sé lo que digo, estoy medio dormido. Si querés podemos vernos mañana, ¿te parece?

—Me encantaría tenerte en mi cama, pero necesito dormir, y contigo a mi lado me sentiría muy perturbado. Aunque si quieres venir, bueno, puedes pasar un rato...

—No, mejor arreglamos para otro día.

—¿Pero si no vienes hoy me prometes que te veré mañana?

—Sí, todo bien.

—Bueno, te llamo. Que descanses.

—Chau. Nos vemos.

TRES

Al día siguiente me levanté temprano y fui al gimnasio. Antes de entrar a sudar pasé por C&A —una tienda de ropa de medio pelo— y compré un calzoncillo, un par de medias y una remera. Si iba a ver a Brown después de la oficina debía estar presentable, por las dudas. Hice mi tediosa rutina de ejercicios. Me bañé en los vestuarios, miré de reojo alguna que otra cosa interesante, dejé la ropa sucia en el locker y salí apurado para la revista.

Era viernes y el dueño de la editorial había organizado una parrillada en el patio trasero. De trabajo, ni hablar. Esos asados de los viernes después del cierre siempre terminaban con todos los de redacción borrachos, arrastrándose por los escritorios. Y yo no sería la excepción. Esa tarde, más que nunca, estaba decidido a ponerme en pedo y así llegar lo más desinhibido posible a mi segunda cita.

En medio del asado, Brown me llamó para confirmar que nos encontraríamos a las cinco en su suite. Estuve de acuerdo.

Durante el almuerzo tomé varias copas de champagne y me hice el gracioso frente a mis compañeros de trabajo. Esa tarde no faltó nadie. Estaban Mariana y Fernando, que no largaban el vino tinto y tragaban carne como dos leones; Maru y Juli, las elegantísimas chicas de arte que se contentaban con una Seven Up light y tres hojas de lechuga; Alvaro, el dueño de la revista (un ricachón que tenía como pasatiempo fotografiar modelitos en bolas con la promesa de que serían la próxima tapa de *Soho BA*); y Paul, Dani y Caro, los tres redactores veinteañeros que apenas sabían escribir su nombre y habían llegado hasta ahí por ser hijos, hermanos, amigos, sobrinos o primos de... Tampoco faltó el departamento de publicidad, compuesto por dos rubias cuarentonas y calentonas que vendían avisos con las tetas y entregaban a su madre con tal de cerrar una pauta comercial. Ahí estábamos todos, sentados alrededor de una gran mesa, comiendo, chupando, fumando, hablando, gritando y, sobre todo, criticando.

No mencioné nada acerca del encuentro con Brown, salvo a Fernando, a quien tuve que contarle todo lo del día anterior. A las cuatro y media caí rendido en mi escritorio y solo alcancé a chequear algunos mails, nada importante. Diez minutos más tarde tomé un taxi hasta el Plaza. Abrí la ventanilla del auto y dejé que el viento pegara fuerte sobre mi cara. Estaba algo mareado por el champagne.

Faltaban cinco para las cinco cuando llegué al hotel. Subí sin anunciarme, golpeé la puerta de la 902 y saludé a Brown con un efusivo abrazo.

—¡Hola! ¿Cómo estás? —me dijo con una sonrisa.

—Bien, un poco mareado, me duele la cabeza.

—¿Te sientes mal? Ven, recuéstate.

Pasamos al cuarto. Parecía muy desordenado, lleno de libros, discos, cajas de bombones, flores y todo tipo de obsequios que, según me contaría más tarde, eran regalos de sus admiradoras.

—Hubo un asado en la revista y tomé de más —le dije parado al pie de la cama.

—Ven, échate —respondió con ternura.

Me acosté sobre el lado izquierdo de la cama. Él se sentó en el derecho.

—¿No quieres dormir una siesta? —preguntó—. Te vendrá bien para recuperarte.

No dije nada, estaba algo borracho y confundido. Quería, pero tenía miedo.

—Ven, sácate el pantalón.

Dejé que me sacara las zapatillas y el pantalón. Lo hizo muy suavemente. Cuando terminó con la polera, me miró de pies a cabeza y me besó con intensidad. Esta vez respondí mejor que el día anterior. Sus labios eran cálidos y sus movimientos, pausados. Nos quedamos así unos minutos, hasta que él se sacó el pantalón y las remeras que llevaba encima. Tenía unos calzones blancos de Banana Republic, ajustados como los míos. Su torso era muy blanco y su pecho lucía algunos pelitos, cosa que no me causó mucha gracia. Cuando se acomodó a mi lado, comenzó a acariciarme y notó que yo no dejaba de temblar.

—No tengas miedo, no haremos nada que no quieras —me susurró al oído.

—Quiero dormir —le dije.

—Lo que tú quieras, lindo, lo que tú quieras.

Extendí las sábanas y me volteé dándole la espalda. A los pocos minutos me quedé profundamente dormido.

Dos horas más tarde desperté sin entender nada. Caminé a la sala. Brown estaba sentado en el escritorio escribiendo en su laptop.

—Hey, ¿estás mejor? —preguntó sin despegar su mirada de la pantalla.

—Sí, eso creo —respondí, todavía medio dormido.

—¿Qué quieres hacer?

—No sé.

—Comamos algo —dijo, y por fin se dio vuelta a mirarme.

Sentí vergüenza de que observara mi cuerpo casi desnudo, en calzones, y corrí a vestirme. Se acercó al dormitorio y prendió la tele. Daban *Los Simpsons.*

—Esto veíamos con Zoe cuando vivíamos en Washington —dijo.

—¿Zoe?

—Sí, la madre de mis hijas.

—Ah... —dije incómodo— ¿qué edad tiene?

—Treinta y cuatro

—¿Y hace cuánto que están separados?

—Cuatro años.

—¿Se llevan bien?

—Sí, siempre la voy a querer, me dio dos hijas preciosas.

—¿Viven en Miami?

—No, en Lima. Cuando nos separamos, Zoe decidió volver.

—¿Cada cuánto las ves?

—Cada dos o tres semanas. Me da mucha pena no poder vivir con ellas.

—¿Y por qué no vivís en Lima?

—Porque odio esa ciudad. Allí no me siento libre... es complicado. Pero ahora me muero de hambre. ¿Quieres que pidamos room service?

—Yo feliz, ¿pero no querés que me vaya?

—¿Estás loco? Para nada.

Al rato estábamos sentados uno frente al otro en la mesa de la sala, yo con mi ensaladita César y él con un gazpacho y una pechuga de pollo grillada. Hablamos de sus libros: le confesé que no había leído ninguno, y hasta fui un poco rudo cuando le dije que en ningún curso de literatura de mi universidad se hablaba de su obra. Se rió un poco avergonzado y me confesó que le gustaría dedicarse solo a escribir, pero que eso no le dejaba suficiente plata para darse sus lujos y mantener a sus hijas como dos reinas. La tele, obviamente, daba muy buen dinero. También me contó que estaba en tratativas para comenzar un nuevo programa en la televisión hispana de Miami. Me asombró la rapidez con la que tragaba cada bocado mientras hablábamos. Pronto sus dos platos estaban vacíos y el mío apenas iba por la mitad. No me animé a seguir comiendo. Simulé no tener hambre y acomodé los cubiertos como si hubiese terminado. Él se levantó, colocó los platos en el carrito del room service y sirvió los helados, que ya estaban algo derretidos. Yo comí solo una bolita de crema americana. Él se aventó tres bolas de frutilla al agua con la misma rapidez que tragó la pechuga grillada.

Cuando terminamos llamé a casa para avisar que no iría a dormir, por las dudas. Atendió mi madre.

—¿Hola?

—¿Mamá?

—Sí, Martín...

—¿Qué hacés?

—Qué tal, ¿dónde estás?

—En el centro, con los chicos, nos vamos a la casa del country de Miguel.

—¿No venís a dormir?

—No.

—Bueno, un beso, cuidáte.

—Chau.

Mamá no exigía demasiadas explicaciones. Me daba total libertad y confiaba plenamente en que yo no estaba haciendo nada raro.

—¿Todo está bien? —preguntó Brown.

—Sí, ningún problema.

—Déjame revisar mis correos y ya estoy contigo —dijo mientras caminaba al escritorio.

—Seguro.

—Sabrás disculparme, pero soy adicto a los mails.

—Todo bien.

—¿Por qué no me esperas en la cama?

—Ok.

Se fue a la computadora y yo a la cama. No pude desvestirme. Simplemente me saqué las zapatillas y me acosté a mirar videos en MTV. Un rato después, Brown estaba parado frente a mí desabrochándose los pantalones.

—¿Todo bien? —preguntó.

—Sí, ¿vos?

—Quítate el pantalón —ordenó sin rodeos.

—No, estoy bien así —respondí con vergüenza.

Sin decir nada se acostó a mi lado, dejó sus anteojos en la mesa de noche y comenzó a besarme. Llevaba calzones, medias y tres remeras de manga larga, una encima de la otra. No me resistí a sus besos, que eran cálidos y suaves. Luego, le acaricié los hombros, los brazos y el torso. Noté que tenía un poco de barriguita, cosa que me pareció divertida.

—Tengo que ponerme a dieta —dijo con una risita culposa.

No alcancé a reírme. Estaba tan nervioso y preocupado por lo que vendría que no pude disfrutar del momento como hubiese querido.

—Me encanta que seas tan delgado —me susurró al oído.

De nuevo me quedé en silencio. A los pocos segundos, su mano derecha bajó hasta los botones de mi jean y comenzó a desabrocharlos.

—Me encanta que la tengas dura... Quítate el pantalón —volvió a ordenarme.

Sin decir una palabra me deshice del jean y la remera y me quedé acostado boca arriba, con los calzones puestos. Él continuó besándome, esta vez en el cuello, hasta llegar al pecho y luego al ombligo. Mi cuerpo no dejaba de temblar. Con mucha delicadeza me quitó el calzoncillo y me miró ahí abajo con todo descaro.

—Tienes un sexo hermoso —dijo.

A pesar de los nervios y la seriedad de la situación, no pude evitar las ganas de reírme por el término que había elegido. Sexo, a quién se le ocurre, pensé, aunque no dije nada ni hice el más mínimo gesto.

—¿Quieres que te la chupe?

No supe qué decir. Mi cuerpo continuaba tenso y tembloroso. Me dejé llevar y sentí una calidez indescriptible ahí abajo. Me la estaba chupando y me encantó. Nunca me la habían chupado. Ninguna de las pocas personas con las que estuve antes había hecho eso. Ninguna. Después comenzó a masturbarme con cierta torpeza, hasta que yo tomé el mando y seguí. No tardé en terminar. Él pareció gozar tanto como yo, aunque todavía no había acabado. Me sentí feliz, pero al mismo tiempo absolutamente avergonzado con la escena, con mi cuerpo desnudo y manchado frente a sus ojos. Corrí al baño, cerré la puerta y encendí la ducha. Sentí un poco de asco de mí mismo.

Cuando salí de bañarme, Brown continuaba echado en la cama, desnudo, tocándose suavemente.

—¿Estás bien? —preguntó—. ¿Te molesta si me toco?

—No, para nada. ¿Qué querés que haga? ¿Qué te gusta? —dije simulando ser un experto en estas cuestiones.

—Nada, solo quédate a mi lado.

Qué alivio, pensé, y lo besé con intensidad en la boca mientras seguía acariciándose. Al terminar dio unos grititos más fuertes que los míos, se mantuvo unos segundos en estado vegetativo y enseguida caminó a lavarse.

—¿Alguna vez te la han metido? —me preguntó ya en la cama, al volver del baño.

—No —respondí avergonzado.

—¿Te gustaría que te la metan?

—No sé, me da un poco de impresión.

—A mí me la metieron dos veces y me dolió como mierda.

—Ves, encima duele, yo creo que nunca me la van a meter. Pará, si te dolió tanto... se supone que siempre sos activo, ¿no?

—En realidad estuve con muy pocos hombres, y fue hace mucho tiempo. Últimamente he salido solo con mujeres.

Me sorprendió la respuesta. Y yo que pensé que este tipo era un experto en chicos.

—Y tú, entonces, eres siempre activo... —me dijo.

—Solo llegué a metérsela una vez a un amigo al que le encantaba recibir. Fue bastante fácil...

—¿Y te gustó?

—Sí, estuvo buenísimo, aunque un poco extraño. Pero me gustó, no lo puedo negar.

—¿Y con el chico que te dejó, nunca tuvieron sexo?

—Nos tocábamos, eso era todo. Como ninguno de los dos quería recibir...

—Lo bueno de acostarse con mujeres es que todo es mucho más fácil —dijo—. Entra con facilidad, se lubrica sola y nadie sale lastimado, no hay dolor. Debe ser por eso que últimamente he tenido varias amantes mujeres y ningún hombre. ¿Tú lo has hecho con chicas?

—Sí, algunas veces.

—Y no te gustó...

—No mucho.

—Ya veo. ¿Y por qué crees que te gustan más los hombres?

Por unos segundos me quedé mirando al techo, pensando una respuesta adecuada. Unas pocas palabras bastaron para decirlo todo.

—Prefiero a los hombres porque me dan asco las vaginas —le dije, y nos echamos a reír.

Esa noche la pasé en su cama. Aunque ambos nos habíamos confesado lo difícil que nos resultaba dormir con otra persona, sabíamos que sería solo por esa única vez y decidimos hacer el intento. Al parecer, y para nuestro asombro, nos fue bastante bien, porque él logró dormir hasta tarde y yo concilié el sueño hasta las nueve de la mañana. Cuando desperté y vi que seguía profundamente dormido, me fui a leer al sillón, porque una vez que me levanto no puedo volver a dormir, y mucho menos en cama ajena.

Dos eternas horas después apareció en la sala un tanto sobresaltado.

—¡Ah, estabas ahí! —dijo asustado.

—Sí, ¿todo bien?

—Sí, claro, es que no te vi en la cama y me asusté.

—¿Te asustaste? ¿Qué pensabas, que me había fugado con algo tuyo?

—No, bueno, sí, no sé... de repente me robó la laptop, pensé.

—¿Así que tengo pinta de ladrón? ¡Como se nota que no me conocés, que no sabes de dónde vengo! —le reproché, dándome aires de niño bien.

—Perdona, lo siento, es que soy un poco paranoico... ¿Tienes algún compromiso hoy?

—No, es sábado, no trabajo, ¿vos?

—No, por suerte hoy no tengo que dar ninguna entrevista. Podríamos ir al cine, ¿te parece?

—Claro.

Pasamos todo el día juntos. Felipe fue al gimnasio del hotel mientras yo desayunaba y leía el diario. Después tomamos un taxi a Recoleta y en el Village sacamos las entradas para ver una peli a las tres y media. Antes de entrar al cine almorzamos en un restaurante cercano. Sentí incomodidad de que él pagara todo, pero ¿qué iba a hacer?, ¿tratar de invitarlo? No tenía sentido. De todas formas, Felipe se encargó de obviar el tema, y a la hora de pagar lo hizo con la mayor elegancia y discreción.

Ya era casi de noche cuando volvimos al hotel. Felipe se había comprometido a comer con gente de la editorial a modo de despedida, y yo argumenté que saldría con mis amigos. Nos despedimos y quedamos en vernos al día siguiente, antes de que dejara la ciudad.

Cuando salí del Plaza ya había oscurecido. Me quedé parado en la puerta, pensando. ¿Y el auto? ¡Mierda! Si ayer no fui a trabajar en auto. ¿Y ahora cómo coño me vuelvo hasta casa? Ni en pedo me banco una hora de colectivo un sábado a la noche, me muero del embole. Ok, no me queda otra que tomar un taxi, seguro que me van a sacar la cabeza con el precio estos grasas. Hice parar uno.

—Buenas.

—¿Qué hacé, pibe?

—Hola, qué tal —dije muy seco—. ¿Cuánto me cobra hasta San Isidro?

—A ver, esperáme un segundito... 25 mangos.

—Perfecto, vamos derecho por Libertador.

—Listo.

El tachero del orto tenía el fútbol puesto a todo volumen. No hay nada que odie más en el mundo que el relato de un partido a los gritos. Me deprime, no sé por qué, pero me deprime mucho. ¿Qué hago?, pensé. ¿Le pido al energúmeno éste que baje el volumen y me arriesgo a comerme una puteada, o me banco todo el maldito viaje con esta metralleta en los tímpanos? Decidí esperar, aguantar un poco más. Pero no pude, a los pocos minutos no hubo alternativa: era el fútbol o yo. Si no me apagaba esa mierda me bajaba inmediatamente de esta chatarra.

—Disculpe, señor, ¿no podrá bajar un poquito la radio? —le pedí, amablemente.

—¿Qué, pibe? ¡Más fuerte, no te escucho!

—¡Que si puede bajar un poco! —grité.

—Bueno, si vó queré, el cliente siempre tiene la razón, ¿no cierto? —dijo, resignado.

—Le agradezco mucho.

—¿No te gusta el fulbo, pibe?

—Me gusta jugar, pero no mirar o escuchar partidos. No soy de ningún equipo.

Pasaron otros diez minutos, por suerte ya sin el chillido histérico de los relatores. Espero que este tipo no me siga hablando, pensé. Detesto a los tacheros que te cuentan la historia de su vida. Para mi desgracia, el chofer contraatacó.

—¡Qué linda esta la noche! ¡Ideal para comerse una putita! —dijo tras un horrendo suspiro medio quejumbroso.

—... Sí, hace un poco de frío, pero está lindo, ya se acerca la primavera.

—Seguro que vo tenés una buena minita esperándote en tu casa, ¿no, pibe? Yo a tu edad no sabé lo que era, todo lo sábado una putita distinta. Pero no creá que perdí las maña, nene, ahora me conseguí una cuarentona bien trola que me hace unas mamada de aquella, ¡no sabé cómo te la chupa esa hija de puta!

—...

Me quedé callado, avergonzado. Odio que los tacheros me hablen, ¡y más si se trata de fútbol o de mujeres! ¿Qué pretende que haga? ¿Que lo felicite? ¿Que le cuente cómo me la mama mi supuesta novia? ¿Y si le digo que soy yo al que le gusta mamar? ¿Que me acabo de acostar con un tipo trece años mayor que me la chupa riquísimo y hace que se me ponga bien dura? ¿Quiere que le cuente todo eso, tachero de mierda? ¿Y qué cara me va a poner cuando le diga que sueño con que me la metan por el orto? ¿Que me encantaría tener un clítoris ahí atrás para sentir lo que sienten las mujeres? Si le gusta hablar de intimidades, yo encantado, pero no se me espante, que usted empezó con este cuento. Como me suele ocurrir en estos casos, una sarta interminable de maldades rebotaron en mi cabeza, pero no dije nada, lo único que quería era llegar a casa y que ese boludo dejara de hablar gansadas. Saqué la radio de mi bolsito y, antes de que el gorila retomara la cháchara, puse la FM a todo volumen. Sonaba Alanis, mi amada Alanis Morisette, cosa que me hizo inmensamente feliz. "You love, you learn. You cry, you learn. You lose, you learn". ¡Puta madre! Otra vez me acordé del forro de Diego, cuando me dejó me la pasaba escuchando esta canción y llorando, lamentándome por ese amor que no había podido ser. Otra vez se repetía la maldita frase: "Amaste, aprendiste, lloraste, aprendiste, perdiste, aprendiste". ¡Forro! ¿Por qué mierda me dejaste? ¿Por qué me hiciste sufrir tanto? ¿Por qué me atrapaste de tal forma que, por primera vez en mi vida, sentí que si no podía abrazarte al menos una vez más ya nada importaba? ¿Qué pasó? ¿Qué hice mal? ¿Fue porque no tenía la suficiente experiencia como amante? ¿Porque nunca te dejé que me la metieras? ¿No entendés que me moría del dolor, que sentía que me estaban partiendo al medio, que no podía, simplemente no podía dejar que me cogieras? ¿No hubiera sido bueno que me dieras un poco más de tiempo? ¿Que me esperaras un poquito? ¿O acaso a vos te gustaba que te rompieran el orto? Ah, no, eso jamás. El tipo quería coger, pero ni hablar de que se lo cogieran. ¿Por qué no te vas a la mierda, Dieguito? No me rompiste el orto, pero sí el corazón. Me dejaste ahí abajo, bordeando la línea de la depresión crónica, odiando al mundo, odiándome por ser marica y no poder coger, por pensar que jamás volvería a enamorarme, que no había resultado con chicas pero tampoco con chicos, que ya nada tenía sentido. Me faltaba el aire, Diego, cuando lloraba solo en mi cuarto, en silencio para que nadie me escuchase, por no poder tenerte a mi lado. Por no poder sentir tu cuerpo, tus besos, tus olores. Por tener prohibido el acceso a tu cama, esa cama en la que me di cuenta de lo genial que podía ser amar a un hombre, que eso era lo que me había tocado y que estaba buenísimo, me encantaba, era real, auténtico, lo mejor que me había pasado.

La canción de Alanis ya había terminado hacía rato. Una vez más me colgué pensando en Diego y en todo lo que me había hecho sufrir. Mi primera experiencia amorosa con un hombre fue determinante y me hizo aprender la lección de todas las solteronas abandonadas que habitan este mundo: "no te enamores". Durante ese viaje en taxi me repetí por enésima vez que no valía la pena engancharse con nadie. Que lo único que tenía sentido era ganar plata, comprar ropa, matarse en el gimnasio para estar lindo y salir con otros chicos lindos. Eso es lo que voy a hacer —pensé— me voy a coger a todos los pendejos más lindos de Buenos Aires y después los voy a dejar llorando como Diego hizo conmigo.

Cuando terminé de divagar entre mis aires de mujer independiente y materialista, me detuve por un segundo y pensé en el tipo que acababa de conocer. ¿Podía llegar a enamorarme de Felipe Brown? Jamás.

Esa noche me quedé en San Isidro, encerrado en mi cuarto viendo *Sex and the City*, mi serie preferida. Desde la soledad de ese pequeño dormitorio en los suburbios de la ciudad, me olvidé de la aventura que acababa de tener y soñé con vivir en New York como una de esas cuatro chicas solteras, llenas de plata y con todo el estilo del mundo. Quiero ser como vos, Carrie, pensé, quiero tener un depa en New York, mi propia columna en un diario y escribir para *Vogue*... ¡y quiero tus zapatos!

CUATRO

Al día siguiente pensé una y otra vez en Felipe y lo extrañé con una obsesión casi enfermiza, aunque recién lo conocía. No me llamó sino hasta las ocho de la noche. Me dijo que estaba saliendo para el programa de Mariano Grondona y que su avión partiría "mañana a primera hora". Me propuso vernos en su suite al terminar con la tele.

Acepté de inmediato y lo esperé puntualmente, a las once de la noche, en el lobby del hotel. Media hora más tarde llegó apurado y se disculpó por haberme hecho esperar. Me abrazó delante de los conserjes, sin importarle que nos estuviesen mirando. Subimos juntos, dejando atrás los murmullos chismosos y las miradas acusadoras. En el ascensor nos besamos y alcancé a aflojarle el nudo de la corbata. Me calenté muchísimo al verlo con ese traje oscuro impecable que acentuaba sus rasgos masculinos y despertaba mis más recónditos deseos femeninos. Cuando entramos a la suite, se sacó el maquillaje de la tele frente al espejo del baño y me contó que, para su sorpresa, había encontrado en el cajón de la mesa de noche un tubito negro, de esos en los que se guardan los rollos de fotografías, con restos de marihuana y un par de papelitos de seda suficientes como para armar un porro. Obviamente no me creí el cuento de que se lo había encontrado

46

de casualidad, pero le seguí el juego porque me divertía la idea de fumar juntos.

—¿Qué vas a hacer, lo vas a fumar? —pregunté.

—No sé, hace como diez años que dejé todas mis adicciones... Pero tal vez sería divertido que lo compartiésemos, para celebrar la despedida. ¿Tú fumas?

—A veces, solo si me invitan, nunca compro, no mantengo el vicio. Pero sí, hoy podríamos, ¿por qué no?

—¿Por qué no? —dijo con una risita cómplice. Luego, se puso sus tres remeras de manga larga, sus dos pares de medias y un pantalón largo de piyama. Se echó en la cama y, una vez más, me pidió suavemente que me sacara el pantalón. Sobre la mesa de noche dispuso la marihuana junto con las sedas y armó un porro, al que prendió con los fósforos del hotel y dio dos pitadas seguidas. Al aspirar por segunda vez tosió fuerte y me ofreció el cigarro. Fumé con la esperanza de dejar atrás miedos y pudores y estar dispuesto a todo. Con las últimas pitadas terminamos bien puestos: los ojos achinados y llorosos y una exagerada risa contagiosa fueron los primeros síntomas. Después vino el hambre voraz, que saciamos con dos helados de chocolate del room service. Felipe me contó que durante sus veintipico se la pasaba todo el día fumado en el hostal donde vivía solo antes de dejar Lima. Pasamos un buen rato contándonos anécdotas relacionadas con la marihuana, comiendo helados y tomando mucha agua. Cuando terminamos, nos fuimos a lavar los dientes y luego a la cama. Me besó la espalda entera, me dijo que tenía una piel muy suave y empezó a tocarme hasta llegar bien abajo. Siguió así un buen rato, para luego, dándome besitos en el cuello, hacerme la tan temida propuesta:

—¿Quieres que te la meta? —preguntó en voz baja, como diciéndome un secreto.

No contesté.

—¿Quieres que trate? —insistió.

—Sí —respondí con miedo.

—Pero vamos a necesitar un lubricante.

—...

—No te preocupes, yo me encargo.

En ese momento todo se tornó surrealista. Felipe, animado por la marihuana y las ganas de cogerme, se comunicó con el conserje y le preguntó si sería posible llamar a un radio taxi para hacerle un encargo en la farmacia más cercana. El empleado del hotel dijo que no habría problemas, que ya estaba enviando un botones a la habitación. Cuando cortó el teléfono nos echamos a reír pensando en la cara que pondría cada uno de los integrantes de la cadena que intervendría en complacer nuestro pedido. A los cinco minutos tocaron la puerta. Abrió Felipe, cubierto por una toalla. El botones de turno era un señor de unos cincuenta y pico al que yo no me hubiera atrevido a hacerle semejante encargo.

—Buenas noches, señor Brown, ¿en qué lo puedo ayudar?

—Buenas noches... ¿cómo era su nombre?

—Arnaldo.

—Claro, Arnaldo. Vea, amigo Arnaldo, yo le voy a dar una platica para que usted llame a un radio taxi y le encargue comprar una cosita en la farmacia. ¿Puede ser?

—Cómo no, señor, ningún problema. Dígame lo que necesita y yo me ocupo.

—Bueno, le agradezco muchísimo su amabilidad, le voy a dejar un buena propina por esto.

—Gracias, señor...

—Dígame, ¿usted conoce algún lubricante íntimo? —preguntó Felipe con total naturalidad.

Arnaldo se quedó pasmado y tardó en reaccionar. Estaba perplejo ante semejante pregunta.

—No, señor —respondió con toda la entereza que pudo.

—Bueno, no importa, entonces dígale al taxista que pida en la farmacia el mejor lubricante íntimo que tengan, sin fijarse en el precio, ¿sí?

—No hay problema.

—Tome, acá le dejo cien pesos. El vuelto es para usted.

—Gracias, señor.

El botones se marchó deprisa, seguramente con ganas de desparramar el chisme por todo el hotel. En la suite seguimos disfrutado de los efectos de la hierba, riéndonos de la escena que acabábamos de protagonizar y revolcándonos en la cama, excitados cada uno con el descubrimiento del cuerpo del otro. El delivery sexual se demoró una media hora, luego de la cual tocaron la puerta con nuestro ansiado producto. El lubricante, marca Kemian, made in Argentina, venía en un tubo del tamaño de un desodorante en aerosol, en el folleto descriptivo aseguraba "un absoluto efecto de deslizamiento de acción prolongada, sin importar la medida del miembro". Felipe comenzó a leer en voz alta el manual de instrucciones, que consistían, básicamente, en untar ambas zonas (tanto la emisora como la receptora) con una considerable cantidad del producto y, una vez finalizado el acto, lavar con agua tibia.

—Bueno, entonces ahora yo me unto mi coso, tú te untas el orto, y a trabajar —dijo riéndose.

Ambos hicimos lo propio. Yo, a pesar de estar refumado, no podía creer lo que pasaba, no podía creer que este peruano famosito me estuviese lubricando el culo para rompérmelo.

Una vez embadurnados con ese líquido gelatinoso que me resultó tan poco higiénico, Felipe empezó a masturbarse mientras yo le besaba el pecho. El porro había resultado potente, los dos estábamos voladísimos. La escena se volvió inverosímil: el botones, el lubricante, la marihuana... todo me parecía demasiado ridículo. Me eché a reír con unas carcajadas incontenibles. Felipe se contagió y comprendió que sería imposible consumar el hecho. Nos quedamos así unos cinco minutos, cagándonos de risa, asfixiándonos como dos hienas chistosas, y hasta ahí llegamos. Después de todo, era más divertido tomar el asunto con gracia que desesperarse por tener sexo con solemnidad. Además, estábamos tan volados que ya nada funcionaba, y yo solo quería dormir, porque las pocas veces que me fumo un porro quedo de cama, muerto, totalmente en coma.

—No hay apuro con estas cosas —dijo, divertido—. Lo mejor es pasarla bien en la cama, reírse mucho. Además, la marihuana me dejó tumbado, no me provoca agitarme, es mejor estar así, tranquis, echaditos... Perdona mi torpeza —se disculpó, luego de un breve silencio.

—No, el torpe soy yo —dije un poco avergonzado—. Además, me muero de sueño, no tengo fuerzas para nada.

—Yo menos.

—Pero está todo bien, a mí me da igual si lo hacemos o no.

—A mí también me da igual. Espera que me voy a lavar, este lubricante de mierda me ha dejado todo pegajoso.

Primero se lavó él y después yo, que tenía todo el culo patinoso y me moría del asco. Estábamos cansados, solo queríamos dormir. Sin embargo, era la última noche, así que nos quedamos hablando hasta caer vencidos por el sueño.

—¿Por qué será tan complicado acostarse con un tipo? —pregunté, de pronto, medio tristón.

—No sé, es un poco injusto no poder hacer el amor con un hombre como si fuera una mujer. Con las chicas es todo tan fácil… —dijo y dio un suspiro resignado, como si hubiera preferido estar en otra parte, ser otra persona.

—Yo todavía no me resigno a ser gay, porque a veces el sexo anal me parece tan, no sé… asqueroso. Creo que nunca me la van a poder meter. Si algún día llego a tener un novio tendrá que ser totalmente pasivo, y el problema es que, no sé, supongo, los pasivos son todas unas locas de cuarta.

—Sí, suena complicado. Pero bueno, es lo que hay. Yo ya he pensado mucho en el tema y creo que no se puede hacer nada al respecto, así que no vale la pena amargarse —dijo entre bostezos—. Perdona, pero estoy muy cansado, creo que es hora de dormir. No quiero perder el vuelo de mañana.

Casi arrastrándose fue hasta la ventana y procuró bloquear todo rasgo de luz uniendo, bajo la presión de una silla, la rendija que separaba los dos paños de las cortinas. Después abrió el placard y sacó un par de medias gruesas, se sentó al borde de la cama y las calzó sobre unas que traía puestas. Por último, se sacó el calzoncillo y sumó una remera de manga larga a las tres que llevaba encima. Se cubrió sus oídos con tapones de goma, apagó la última luz y se acostó boca abajo con la almohada tapándole la cabeza. "Que duermas bien", fueron sus últimas palabras esa noche.

Al poco rato estaba completamente dormido y emitía un leve ronquido que no llegaba a ser del todo molesto. A pesar del cansancio, yo no podía conciliar el sueño. Pensaba en el reciente episodio de sexo frustrado, en el pánico que me inspiraban las relaciones anales, en la imposibilidad de estar con chicas, en que Dios me había castigado al hacerme gay, en ese hombre increíble que acababa de conocer, en que podía enamorarme de él, en las diferencias que nos separaban, en que en unas horas se iría muy lejos y tal vez no lo volvería a ver.

Esa noche lloré en silencio. Me sentí abandonado. Hubiera querido tener un tiempo más para abrazarlo. Hubiera querido que no se fuera, que se quedara conmigo en Buenos Aires y me diera al menos una oportunidad.

CINCO

eres exquisito.
me has hecho muy feliz.
te llevo en el corazón.
volveré pronto.
te quiero.

—¡Me escribió! —grité en el tono más bajo que pude—. ¡Mariana, mirá, me escribió! —le dije excitado a mi jefa—. ¿No es un amor?

—¿Quién te escribió? —preguntó incrédula.

—¡Brown, es un mail de Brown!

—¿A ver? —se acomodó frente a la pantalla y leyó—. Se ve que le pegó fuerte, aunque... yo que vos no me hago ilusiones. El pibe ya las vivió todas, se la pasa viajando, es una estrella... Además, ¿no está casado?

—Separado, o divorciado, no sé bien.

—Da igual, el tema es que no te enganches, para que no sufras. Y esto te lo digo yo, que ya pasé los treinta y sigo sola. ¿Sabés cuántos tipos me ofrecieron el oro y el moro? ¿Sabés con cuántos me ilusioné como una tarada? A mí que no me jodan, yo no le creo nada a nadie, y menos a un pibe que se las da de noviecito. Yo, si querés coger, todo bien, pero que no se me vengan a hacer los enamorados. Ya no me engancho más. Y vos, encima, con un tipo trece años mayor, una estrellita de la tele que vive en la loma del orto... Hacéme caso, olvidáte.

—No, yo no me engancho, obvio, si lo más probable es que no lo vuelva a ver, o que lo vea de acá a un año, qué sé yo.

—Pero te gustó, eso no me lo podés negar, se te nota en la cara.

—Sí, la verdad que me encantó. Es divino, súper tranquilo... nada que ver a la imagen que da en la tele.

—No lo puedo creer, boludo, ¡te enamoraste de Felipe Brown!

—No me enamoré, solo me pareció un copado, punto, ya está.

—¿Quedaron en algo? ¿Vuelve a Argentina? ¿Se van a ver de nuevo?

—Por ahora, no. Se fue de gira a presentar el libro por toda América Latina.

—¿Y ahora dónde está?

—En Chile.

—Ah, acá al lado.

—Sí, cruzando la cordillera, lo decís como si estuviera en la otra cuadra. Qué suerte de mierda la mía, encima que soy puto y nunca salgo con nadie, una vez que encuentro a alguien que me gusta resulta que vive en el culo del mundo... Y encima, con esto de la devaluación, hasta que junte los verdes para pagarme un pasaje a Miami puede pasar un año entero.

—¿No te invitó para que fueras?

—Me dijo "cuando quieras te puedes dar una vuelta por Miami, yo encantado". ¿Y qué le iba a decir? "Disculpáme pero ni siquiera tengo guita para el pasaje". Es un quemo, me muero de la vergüenza.

—Sí, no da —dijo, y se quedó pensativa frente al monitor—. Bueno, vamos a laburar. ¿Hiciste la lista de chicas para entrevistar este número? Porque ya empieza el mes y estamos en bolas.

Mariana empezó con otro de sus sermones, pero yo lo único que quería era que se fuera para poder contestar el mail de Felipe. Cuando me dejó en libertad, hice clic en "responder" y comencé a escribir.

lunes, tres de la tarde. ya estoy de nuevo en la oficina. nos despedimos hace unas pocas horas y no dejo de pensar en vos. me encantó haberte conocido. esos pocos días cambiaron mi vida de una forma inesperada. ahora me siento más adulto y seguro de mí mismo, y eso te lo debo vos. espero que el vuelo te haya sido leve. te voy a extrañar.
besos.

Inesperadamente, a los quince minutos de enviar aquel mensaje, ya tenía un nuevo mail de Felipe. Lo había escrito desde Chile, donde acababa de llegar. Sus palabras volvieron a derretirme.

estos días contigo también han cambiado mi vida de una manera que nunca imaginé. no dejo de sonreír, todo me parece más lindo. eso te lo debo a ti. yo también necesito volver a verte pronto. siénteme cerca siempre. te quiero.

Esa fue, al menos en mis fantasías, la confirmación de que esta historia no había terminado con la despedida en el Plaza. Obviamente, sus palabras corrían el riesgo de ser pura cursilería barata, como insistía mi resentida jefa. Podía decirme todas esas cosas amorosas tanto a mí como a su amante chileno o a la arrastrada que se cogió la noche anterior a conocerme. Sí, solo unas horas antes de que yo lo viera por primera vez, se había pegado un revolcón con una tal Patricia, un intento de productora de televisión oriunda de La Paternal que, según me contó Felipe después, sufría ataques de ninfomanía y la noche en que estuvieron juntos le exigió una performance para él inédita en la que no faltaron pajazos mutuos, mamadas de putita experta y tres cogidas bien profundas con intervalos de media hora.

En realidad, nada de eso me importaba. Lo que sí me quitaba el sueño era que a partir de entonces, y durante todos y cada uno de los días que vinieron, lo más importante para mí pasaron a ser sus mails y sus llamados, y, por qué no, la posibilidad de volver a verlo.

Él continuaba con su gira por Latinoamérica mientras yo mantenía mi aburrida rutina, porque si bien mi vida de periodista podía parecer interesante, al lado del glamoroso prototipo de escritor y figurín televisivo que encarnaba Felipe, todo se ensombrecía.

Solo unos pocos amigos sabían de mi aventura, aunque en la revista el chisme se esparció a toda velocidad y, para mis compañeros de trabajo, yo ya me había convertido en la señorita Brown. Durante esas primeras semanas, lo único que me importaba era recibir al menos tres mails diarios de Felipe, en los que me contaba todos los pormenores de su extensa gira.

he tenido un día agotador y sigo corriendo. estoy cansado de tantas entrevistas. te llamaré apenas pueda, ahora me llevan a la tele. te extraño. yo también siento algo lindo por vos. tengo miedo de enamorarme.

Yo también tenía miedo de enamorarme. Lo extrañaba, pensaba todo el día en él, hablaba solo de él, vivía pendiente de sus mails y me quedaba despierto hasta las dos de la madrugada con el celular en la mesa de noche esperando su llamado. Si eso no era amor, ¿qué cosa era el amor? Aunque si lo pensaba mejor surgían dudas. ¿Era amor o una simple obsesión? ¿Era amor o la excitación de estar con alguien de la tele? ¿Era amor o una terrible calentura? Quién sabe. Lo cierto es que la relación se enriqueció con la distancia. Si bien al principio apenas nos conocíamos, los constantes mails diarios y las eternas llamadas telefónicas (que, por supuesto, pagaba él) hicieron que nos conociéramos más en profundidad. Nos contábamos todo: qué habíamos comido, cómo estábamos vestidos, a quién habíamos visto durante el día, nuestros malestares físicos, las peleas con la familia. Hablábamos de todo, hablábamos más que una pareja que se ve todos los días en la mesa y comparte la cama. Así transcurrieron las primeras semanas. Después de casi un mes desde la última vez que nos vimos había días en los que me parecía que nada tenía sentido. Con el paso del tiempo, Felipe se convertía en una abstracción, en alguien que estaba siempre pero que no veía nunca.

En uno de esos fines de semana que se me hacían eternos, cuando me pasaba el día leyendo los libros de Felipe y extrañándolo cada día más, decidí aceptar la invitación de mi único amigo gay para ir a una disco de chicos con chicos.

Gabriel (Gabi para los más cercanos), una loca de campeonato cuya única misión en la vida era encontrar un miembro extra large que lograse ensanchar aún más su dilatado orificio rectal, me llevó al Palacio Alsina, el lugar de encuentro de las maricas más sofisticadas de Buenos Aires. Fuimos con Laura, su amiga cantante que se destacaba por su look trash de nena mala, y Nina, una ex compañera mía de la facultad que por ese entonces vivía un tórrido romance con una de las titulares de Las Leonas, el seleccionado de hockey femenino que acababa de coronarse campeón del mundo. Formamos un grupo raro, lo reconozco, pero el lugar al que íbamos lo ameritaba. Yo me vestí lo mejor que pude, aunque sin demasiada producción: remerita ajustada azul marino con escote en "V" de Zara, un pantalón celeste claro bien holgado de la misma marca, y mis zapatillitas Adidas blancas con las tres tiras azules. Todo haciendo juego, obvio. Antes de salir pasé por el baño de mis hermanas, cerré con llave y me empolvé levemente la cara con una base de maquillaje para tapar las putas imperfecciones que vaya uno a saber por qué mierda salen (¿será verdad que por no coger?), y disimular las ojeras verdosas que me recuerdan el tiempo que paso frente a la computadora, las horas que pierdo mirando televisión o los días enteros que me engancho a leer los libros del fucking peruvian. Cuando terminé de pasarme la base, prendí la canilla y me mojé apenas la cara para no dejar al descubierto el polvo, que delataba frente a mi familia lo femenino que podía llegar a ser un viernes a la noche.

Una vez listo para la acción me subí a mi adorado Ford KA blanco y manejé media hora hasta la casa de Gabi, en pleno centro porteño. En el camino puse la radio de moda y canté imitando a las concursantes de *Operación Triunfo*. "You are beautiful, no matter what they say", grité junto a la histérica Cristina Aguilera, intentando creerme la huevada esa de que todos somos hermosos. ¿Todos somos hermosos?, pensé. ¿Incluso la gorda sucia de la biblioteca de la facultad que huele a gata en celo, el enano pelado y narigón que hace relaciones públicas en la revista y se cree un winner con las minas, y la vieja con una cara de orto inalterable que atiende la farmacia de la esquina? ¿Todos son lindos? No me jodas, Cristina, que las únicas que venden millones de discos mostrando las tetas son Britney y vos, ¿ok? Así que, please, no nos engañemos.

Llegando a lo de Gabi marqué su número en mi celular y le pedí que me esperase abajo. Ya en la puerta del edificio, lo vi con unos jeans bien ajustados que ofrecían su orto al mejor postor y una camisita de manga corta que le dejaba el pecho al aire. Tenía el pelo lleno de gel y se había bañado en ONE, el perfume unisex de Calvin Klein.

—¡Hola, mi amor! —me dijo entre besos y abrazos—. ¡Pero qué producción! Estás lindo, guacho. ¡En El Palacio te van a querer comer crudo!

—¡Mirá quién habla! —dije devolviéndole el cumplido—. ¿Qué tal, todo bien? —pregunté.

—Ay, sí, no sabés el chongo que conocí en el chat, ¡te morís! —gritó mientras se subía al auto—. Treinta años, morocho, ojos azules y, lo mejor,... ¡es jugador de rugby! No te podés imaginar el lomo de ese hombre, y ni hablar de lo que tiene entre las piernas, mejor ni te cuento.

—Sí, mejor ni me cuentes. ¿Decías que lo conociste en el chat?

—Claro, en gay.com. Es súper fácil: entrás a la página, te registrás, completás tus datos, ponés tus medidas, tu foto y, si querés, lo que más te gusta hacer en la cama. Hay pasivos, activos, vejestorios, pendejos, swingers, de todo.

—Mirá vos, a ver si me animo y me meto, no me vendría mal un buen revolcón.

—Si, darling, yo no entiendo cómo podés ser tan poco sexual. Está bien que te hagas el enamorado, pero al tipo con el que te enganchaste no lo ves hace más de un mes, y ni sabés cuándo va a aparecer. ¿No te parece que ya fue?

—No sé, supongo que sí... ¿Es por acá?

—Sí, en esta doblá a la izquierda y metete en el primer estacionamiento —me indicó.

Cuando llegamos eran las dos y el boliche estaba lleno. Ni bien entramos me encontré con Nina, que me presentó a su chica la deportista. Después de saludarlas les dije para ir a la pista. Estaban pasando un tema de Kylie Minogue, la diosa más glamorosa, y yo no podía dejar de bailarlo. "I just can't get you out of my head", cantamos todas las locas a coro mientras movíamos el culo al ritmo de la música dance. Yo pensaba en Felipe, en que no podía sacármelo de la cabeza, pero también en los chicos lindos que invadían el lugar dispuestos a todo. Y, en cierta forma, yo era uno de ellos (no por lo lindo, sino por lo puto), porque sabía que me estaba metiendo en la boca del lobo, que en esa disco todo valía y que no eran pocas las posibilidades de terminar en la cama con cualquiera. En todo caso, ¿qué mejor remedio para olvidarme de mi platónico amor peruano que conocer a un argentino joven, profesional y de fisonomía agradable? Estas fantasías se filtraban en mi cabeza logrando atravesar la densa barrera de la música punchi punchi que me rompía los tímpanos y me hacía saltar con desesperación.

Luego de dos horas de baile frenético, me tomé un energy drink y caí rendido en uno de los sillones al costado de la barra. Gabi estaba en un rincón haciendo experimentos sublinguales con su nueva presa, mientras Laura, la niña trash, disfrutaba de las bondades del éxtasis subida a un parlante y animaba a la desenfrenada multitud. Nina y su chica se despidieron con una calentura evidente. ¿Cómo puede ser que no les gusten los hombres?, pensé mientras les daba un beso en la mejilla a cada una. Cuando se fueron me quedé solo, sentado en una esquina oscura, disfrutando del espectáculo patético que daban las locas más locas con sus plumas multicolores y sus aires de divas frustradas. Justo enfrente de mí, a no más de un metro, apoyado sobre una columna, había un tipo que no dejaba de mirarme. Era relativamente bajo, tenía el pelo castaño, una cara normalita (ok, era medio feo) y un lomazo de la puta madre, todo duro, todo marcado. Con solo ver su ropa se notaba que sufría una severa crisis de estilo, que no tenía ni un poquito de onda, que le chorreaba la grasa. No dejaba de mirarme y su pantalón y remera ajustados remarcaban unos atributos sumamente deseables. Comencé a devolverle las miradas, a inspeccionarlo haciéndome el distraído, a darle las señales necesarias para que se acercase, para que tratase de levantarme, porque yo nunca, jamás, voy a ir a hablarle a una persona que me gusta, por más que me esté derritiendo y muera de ganas de que pase algo, mi orgullo siempre es más fuerte. La cosa es que el lomo lomazo vino hasta mi sillón, se sentó a mi lado y se quedó callado. Yo seguí como si nada. Diez eternos minutos después se dignó a hablarme. Me preguntó las mismas boludeces de siempre: nombre, edad, ocupación, estado civil, lugar de residencia, todos ítems a los que tuve que responder educadamente, para enterarme de que él se llamaba Ariel, tenía veintiocho años, era profesor de gimnasia, acababa de terminar una relación de un año y medio con un tipo de cuarenta y vivía en Almagro. Hablando era un desastre: su vocabulario, muy limitado; sus temas, predecibles, y su onda... ¿quién se había robado su onda? Era de cuarta y hasta quinta, un quemo social, pero solo me bastó con tocar esos brazos y mirar esas piernas para aceptar la invitación a su departamento.

Salimos sin despedirnos de nadie. Subimos a mi autito y manejé, siguiendo sus instrucciones, al modesto barrio de Almagro, que obviamente yo nunca había tenido el placer de visitar. Al llegar estacioné en la puerta, entramos, me ofreció algo de tomar, le dije "no gracias", fui al baño, me lavé las manos, miré la marca de su champú, me reí por el mal gusto general, volví al living, dejé que pusiera música y me senté en el sillón. Luego lo acomodé arriba mío con las piernas abiertas, nos besamos, acaricié sus brazos gruesos, le saqué la remera, besé su pecho, lo sentí firme, todo duro, me encantó, lo toqué ahí abajo, era grande, le pedí que se sacara el pantalón, miré sus calzones apretados y negros, me volví loca, me saqué la remera, empujé su boca hacia mi bragueta... Entonces escuchamos el ring de un teléfono.

—No atiendas —le dije impaciente.

—No, creo que es tu celular —me respondió agitado.

—¡Mierda!, tenés razón, pará que lo apago.

En medio de la calentura, quise apretar el botón rojo de "end" y terminé apretando el verde. Recibí la llamada.

—¿Hola? —escuché su voz. No me quedó más remedio que hablar.

—¿Quién es? —dije para ganar tiempo.

—Soy yo, Felipe, ¿cómo está mi niño? ¿Te he despertado?

—No, para nada. ¿Qué hacés llamando tan tarde? —pregunté nervioso mientras corría a encerrarme en el baño—. ¿Todo bien?

—Sí, claro, es que estaba desvelado, extrañándote, con ganas de hablarte. No sabes cuánto me gustaría volver a verte. ¿Estás en casa?

—Sí —mentí.

—Te extraño.

—Yo también te extraño... pero no sé, a veces creo que no tiene sentido esperarte tanto tiempo —le dije en tono de reclamo.

—Yo tampoco puedo esperar, mi amor, pero tengo una buena noticia. Mañana bajo de Miami a Lima, me quedo ahí unos días y después tengo que ir a Chile porque me han contratado para participar en un programa de tele durante dos semanas. Y la buena noticia es que haré una mini escala de un día en Buenos Aires, solo para verte.

—¡No te puedo creer! ¿Entonces nos vamos a ver?

—Yes, baby, ¿estás feliz?

—Muy.

—¿En qué hotel quieres que reserve nuestra suite?

—No sé, me da igual...

—Había pensado en el Hilton, ¿te parece?

—Genial, me encanta.

—¿Quién te quiere más que nadie?

—Mi Felipito.

—¿Me extrañas?

—Mucho.

—¿Te hace ilusión verme?

—Cuento los días.

—Yo también... Bueno, mi niño, duerme rico, ¿ya? Te mando muchos besos.

—Besos, chau, gracias por llamar.

—Chau, chau.

Sentado en el inodoro de ese baño pulgoso, con la bragueta abierta, el torso desnudo y un tipo afuera al que recién conocía que esperaba para cogerme (o que yo me lo cogiera), me di cuenta de que eso no valía la pena, de que lo único que quería era volver a ver a Felipe, abrazarlo, darle muchos besos y decirle, por primera vez, lo mucho que lo amaba.

Enseguida me abroché el pantalón, salí del baño, me puse la remera, las zapatillas, y sin dar demasiadas explicaciones me fui bruscamente, dejando atrás ese cuerpo que aún hoy alimenta mis más oscuras fantasías, ese cuerpo que no tiene cara ni alma, pero que me excita cuando estoy solo, en mi cuarto, y me regalo cinco minutos de placer. Aquella noche fui feliz. No dormí con el profesor, pero sabía que, en menos de una semana, Felipe tenía reservado para mí un lugar en su cama.

SEIS

Viernes a la noche. Estoy cansado, trabajé como un esclavo porque en la revis fue día de cierre y al llegar a casa, tarde, solo quiero echarme en la cama y no hablar con nadie. Entro de mal humor, lo único que pido es silencio, pero, como siempre, cada uno de los miembros de mi familia parece haberse empeñado en joderme la paciencia. Papá fuma en su cuarto viendo un partido de rugby, su maldita pasión, y comenta las jugadas con Javier, mi hermano menor. Gritan con cada tanto y me crispan los nervios. Odio cualquier tipo de deporte relatado, odio que papá fume como chimenea y odio que Javier sufra con los partidos como si su vida estuviera en juego. Mamá está recostada en el sillón más grande del living leyendo el libro de las apariciones de la Virgen de Medjugori, con un disco de música espiritual de fondo y tres velas aromáticas bastante más agradables que el humo del cigarro de papá. En la convivencia, mamá no jode, es bastante parecida a mí, salvo por las manías religiosas y la autoayuda y todas esas cosas espirituales hechas a la medida del grupo de señoras insatisfechas que están aburridas de sus maridos y se refugian en la vida mística para escapar de su realidad. A ella le gusta leer, escuchar música, estar en silencio, y en ningún caso cocinar o hacer grandes comilonas familiares de esas que le encantan a papá. Mis dos hermanas, que son el agua y el aceite, permanecen encerradas en sus respectivos dormitorios, pero igual joden por el maldito ruido que hacen. Jose, la más grande, acaba de llegar del estudio (es abogada) con un pico de estrés algo mayor que el habitual, y a esta altura del día solo alcanza a quedarse como zombi frente a la tele viendo series norteamericanas y tragando comida chatarra. Flor, la melliza de Ignacio, baila frente al espejo con el último tema de Ricky Martin mientras elige ropa y calienta las planchitas para alisarse el pelo. Su novio la pasa a buscar a las nueve en punto, como todos los viernes, y ella, también como todos los viernes, no está lista porque todavía le falta maquillarse y encontrar el vestuario apropiado.

Abrumado por el ruido que expulsa cada ambiente de la casa, saludo rápido a mamá y me meto en mi cuarto, que es el más chiquito, pero el que tiene más onda. Entro, prendo la luz, dejo el bolso, me saco las zapatillas, me tiro en la cama y pongo un disco de Björk, mi adorada criatura islandesa que siempre consigue aliviarme las tensiones. Media hora después mi humor mejora considerablemente, pero no tanto como para sentarme en la mesa a comer un pescado que papá cocinó con sus propias manos y a mí me da náuseas. Sin decir nada agarro el putomóvil y manejo hasta el Automac, pido un Big Mac con Coca-cola y papas grandes y corro de nuevo para casa, tratando de que no se enfríe, porque la comida de Mc Donald's tiene una vida útil de cinco minutos, luego de los cuales pasa a convertirse en cartón reciclable o suela de zapatos, en cualquier caso, una materia incomible. Llego y me vuelvo a encerrar en el cuarto con mi comidita de nene caprichoso. Prendo mi tele de 14 pulgadas, que por suerte tiene los 65 canales del cable, y pongo Telefe. Ya va a empezar *Operación Triunfo*. Esta noche es la gala de los viernes, en la que las gordas grasas cantan gritando a más no poder y eliminan a un participante y todos lloran como si fueran al campo de concentración y se abrazan fuerte, bien fuerte, interminablemente, cada vez que uno se salva de la guillotina. La noche está completa: comida chatarra, show televisivo (otra chatarra) y helado en el freezer. Que nadie me joda con saliditas gays o fiestitas fashions de la revista.

Ya son las doce y acaba de terminar *Operación Triunfo*. Echaron a la gorda salteña, que es más fea que una patada en los huevos y siempre le tocan canciones melosas de Whitney Houston o Celine Dion, que ella canta con sudor (mucho sudor) y lágrimas en los ojos. Estoy feliz de que se haya ido la gorda. No me la bancaba. Ahora, seguro que todo el mundo va a empezar a decir que la rajaron por ser gorda y salteña, de "cutis trigueño", y que eso es discriminación. Y yo pienso que estoy a favor de la discriminación: si tengo que discriminar entre la enana horrible esa y el morocho de ojos verdes que usa remeras sin mangas que le marcan los tubos y canta canciones de Robbie Williams, mientras baila moviendo las caderas tipo David Bisbal, no lo dudo, que echen a la gorda, fuera la salteña, que se vaya a Salta a cantar en una peña folclórica. Bueno, como decía, ya son las doce y tengo la barriga llena y el corazón contento. A dormir entonces, pero antes una chequeadita de mails para ver si me escribió Felipe. Voy al cuarto de Javier, que está chateando, y le pido solo cinco minutos de Internet. Por suerte encuentro un mail nuevo de mi amorcito. ¡Bingo!

once de la noche acá, doce en tu cama.
vengo de casa de zoe, donde estuve con las niñas hasta que se durmieron. comí con ellas y le conté un cuento a la más pequeña. no te llamo porque tal vez estás durmiendo y no quiero des-

pertarte. este domingo, hacia las nueve o diez de la mañana,
estaré esperándote en el hilton. no sabes la ilusión que me hace
volver a verte. duerme rico. todos mis besos son tuyos, te quiero.

A la mañana siguiente me desperté con unos martillazos
que, entremezclados en la conversación chillona que mantenía en el teléfono la cotorra de Flor, hicieron todo lo
posible para ponerme de mal humor. Me levanté, fui al
baño, luego a la cocina y comprobé que los golpes no eran
martillazos, sino intentos de Nancy, la chica que trabaja
en casa, de aplastar la carne para hacer milanesas, porque
mamá le exige que sean bien finitas. Entré a la cocina,
saludé a Nancy y contuve las ganas de gritarle: "¡La re puta
que te parió, no te das cuenta de que son las nueve de la
mañana, y encima es sábado!". No dije nada. Me tomé un
café, me di una ducha y rajé de esa jaula familiar. Manejé
hasta Unicenter, el shopping más grande de zona norte, y
aproveché para ver dos películas, porque a esa hora las
salas están vacías y a mí me encanta ir al cine solo, salvo
un viernes a la noche, cuando todo el mundo te mira
como diciendo: "Que patético, vas al cine solo, ¿no es deprimente?". Por eso, todos los sábados a la mañana voy a
Unicenter, y después me compro una hamburguesa y me
paso horas viendo ropa en Zara, sin que nadie me apure
ni me hinche las pelotas.

Cuando volví a casa después de un agotador día de
shopping, me quedé en el living leyendo en compañía
de mamá, su música mística y sus velas aromáticas, hasta
que oscureció. Otra noche en casa viendo *Sex and the City*,
aunque esta vez esperando ansioso el día siguiente. En
unas pocas horas, finalmente y después de tanto tiempo,
volvería a ver a mi amado míster B.

SIETE

Ese domingo, bien temprano, sonó mi celular. Atendí desde la cama, sobresaltado por la chicharra furiosa que no tardó en despertarme.

—¿Sí? —contesté medio dormido.

—¿Martín?

—¡Feli! ¿Dónde estás?

—Qué haces si te digo que en el Hilton...

—¡No! ¿Ya llegaste?

—Claro, tontín.

—¡Qué bueno! ¿Todo bien?

—Todo bien, todo bien, con ganas de verte.

—Yo también, pero debes estar muerto. ¿No querés dormir un rato y llamarme cuando te despiertes?

—Lo único que quiero es tenerte en mi cama ahora. Estoy en la 307, te espero.

—Voy para allá.

Me di un baño lo más rápido que pude y busqué la ropa adecuada. Estoy apurado, pero tengo que arreglarme un poco, no veo a Felipe hace un mes y quiero que al encontrarnos se sorprenda, que sienta que valió la pena volver, pensé al salir de la ducha. Entré al cuarto con una toalla en la cintura, cerré la puerta, me quedé desnudo, me eché desodorante, me puse en los brazos y en el cuello una crema perfumada de Banana Republic que me robé en una de las producciones de la revis. Abrí el cajón, elegí un calzón negro y ajustado de Calvin Klein. Revisé el placard: me puse la remera de manga larga roja y azul de Bensimon y el pantalón de corderoy color camel de Zara. Rojo con camel, me gusta esa combinación, me dije frente al espejo. Para los pies tenía tres opciones combinables: las zapatillas rojas de Adidas, las azules de gamuza de Nike o las de cuero marroncitas de Zara. Opté por las primeras, más jugadas pero con mucha onda. ¿Qué me faltaba? ¡Ah! Un poco de producto en el pelo, yo le digo "producto" a la goma esa que inventaron los yanquis que te deja la cabeza toda suavecita y con un olor riquísimo, y que en Argentina te cuesta una fortuna porque es importada, pero yo me la compro igual, porque vivo en casa de mamá y papá y la plata que no gasto en alquiler me la patino en cosas de puto. Para terminar, me eché litros del último perfume de Givenchy que me mandaron a la revista, "una exquisita combinación de maderas con flores salvajes y frutos silvestres", según decía en la cajita. No me jodan, ¿por qué no ponen "perfume rico" y ya? Una última mirada en el espejo y rajo. "Perfecto, estás divino", me dije, y emprendí la retirada.

Salí ansioso para el hotel. Tenía el número de habitación, así que no necesitaba anunciarme. Caminé a paso firme hasta el ascensor con paredes de vidrio y vista panorámica al lobby y a la confitería principal. Estaba ansioso por verlo. ¿Será igual que antes? ¿Me seguirá gustando? ¿Qué querrá hacer esta vez en la cama? Mierda, me cago de nervios. ¿Y si ya no le gusto? ¿Y si lo decepciono? ¿Y si se enoja porque no le entrego el popó? Bueno, ya estoy jugado, que sea lo que Dios quiera, pensé mientras subía.

Bajé en el tercer piso, busqué la habitación 307, caminé por el pasillo y ahí lo vi, parado en la puerta, esperándome. Lo miré, me miró, nos regalamos una sonrisa cada

70

uno, corrí, él se quedó parado, me esperó, siguió sonriendo, avanzó dos pasos y me abrazó con intensidad. No pude soltarlo, sentí su perfume, su olor natural, su cuerpo cálido entre mis brazos, y quise que ese momento fuera eterno. Nos quedamos así un largo rato, hasta que me invitó a pasar.

—Ven, entra. ¿¡Cómo estás!? —me dijo una vez que nos soltamos.

—Bien, ¡feliz de verte! Y vos, ¿cómo estuvo el vuelo?

—Agotador, no sabes lo cansado que estoy.

—Me imagino, debes estar muerto. Gracias por venir, en serio.

—No tienes nada que agradecerme, yo feliz de verte. ¡Te queda muy bien el pelo corto! Estás mucho más lindo que la última vez que nos vimos.

—Gracias, vos también. Te queda buena la barba un poquito crecida —dije, inventando una excusa para devolverle el cumplido.

—¿Sí? Odio afeitarme. Cuando no salgo en la tele aprovecho para dejarme crecer la barba. Ven, pasa, échate. ¿Te gusta la suite? —preguntó mientras sacaba una botella de Evian del minibar y me la ofrecía.

—Gracias —dije aceptando—. La habitación…, claro, está bárbara, me encanta.

—La última vez que vine al Hilton me alojé en la misma.

—¿Sí?

—Claro, vine con María Paz, una amiga chilena muy querida que fue mi amante. Recuerdo que hicimos el amor ahí, de pie, mirando a la calle en un día espléndido —dijo señalando la ventana—. No sabes lo bien que la pasamos.

—Ah, qué bueno —dije sin poder disimular cierta incomodidad.

Pensé: Qué me sigue contando este boludo a las minas que se cogió. Como si me fuera a interesar. Además, me parece de muy mal gusto reservar la misma suite y señalarme el lugar en el que hizo la chanchada. ¿Qué se supone que debo decirle? ¿Que me coja a mí también de pie frente a la ventana? ¿Que esa siempre ha sido mi fantasía? No me jodas.

—Pero está lindo el hotel, ¿no? —dijo ante mi silencio.

—Sí, está bueno —respondí sin interés.

—Mira, te he traído un regalito.

—¡Nooo! No te hubieras molestado —dije mientras miraba de reojo la bolsa y pensaba: ¡Qué copado! ¡Es re grande, y de Banana Republic! ¿Qué será? ¿Qué será?

—Toma, ábrelo —me animó.

Con mucho cuidado saqué de la bolsa una caja rectangular. ¡Zapatillas! ¡Dio en el clavo! ¿Le habré contado que las zapatillas son mi objeto fetiche? Eran de gamuza, bien de invierno, marrones oscuras con los cordones también en marrón un poco más clarito y la punta del mismo color. Me fascinaron.

—¡Gracias! Me encantan, ¡están buenísimas! —dije desde la cama.

—Pruébatelas, quiero ver si está bien la talla.

—¿A ver? ¡Perfecto! ¡Son re cómodas!

—¡Qué bueno que te hayan gustado! Tenía miedo de no acertar el tamaño.

—No, están hechas a mi medida. Gracias, sos un amor.

—De nada —dijo mientras se sentaba a mi lado en la cama buscando mis labios y me besaba riquísimo—. ¿Te puedo pedir un favor? —preguntó después.

—Claro.

—¿No te molesta si dormimos un poco? Es que el viaje me ha dejado apaleado.

—No, para nada —le dije, aunque la idea me resultaba un tanto aburrida.

—Gracias.

Felipe se sacó los zapatos, el pantalón, el calzoncillo y el reloj (pero no las medias), desconectó el teléfono, cerró las cortinas, se puso tapones en los oídos, se tiró en la cama y apagó la luz del velador. Yo me recosté a su lado, todavía vestido, y me quedé mirándolo. Me encantaba observar a Diego, mi ex, mientras dormía, y ahora hice lo mismo con Felipe. Amé esa escena, su cara de facciones perfectas en estado de relajación absoluta, gozando del sueño. "I like to watch you sleep at night, to hear you breathe by my side". Esa era la estrofa de la canción de Dido que escuchaba con nostalgia cuando Diego me dejó y yo no podía olvidar esas mañanas en las que me levantaba a su lado, en la desgastada cama de su pequeño departamento, y me pasaba las horas mirándolo mientras dormía. ¡Cómo lloré con la puta canción de Dido!

Tres eternísimas horas después bajamos a almorzar al restaurante del hotel. Cuando se abrió el ascensor y caminamos por el lobby tuve que taparme la cara, esconderme, salir corriendo para el comedor. Ahí estaba mi abuela, regia, paquetísima, tomándose un cafecito con torta de chocolate en compañía de otras tres señoras igualitas a ella. Por suerte, no me vio. ¿Qué le diría si me encontraba con Felipe Brown un domingo al mediodía bajando de una de las habitaciones del Hilton? Mejor ni pensarlo.

—¿Todo bien? ¿Pasa algo? —preguntó Felipe al verme tan incómodo.

—No, es que está mi abuela ahí, en el bar, y no quiero que me vea —le dije nervioso.

—Ah, entiendo. No te preocupes, vamos a esa mesa del fondo, ahí nadie nos va a ver.

—Gracias, ¿no te molesta que me esconda?

73

—No, para nada.

Nos sentamos en el lugar más alejado, mirando hacia la pared, de espaldas al resto de la gente. Yo pedí una ensalada y una Coca-cola con hielo, él un pollito y un jugo de naranja.

—En uno de tus mails me hablabas de María, la primera chica con la que estuviste. ¿Qué fue de ella? ¿Siguen viéndose? —preguntó mientras tomaba su juguito.

—Sí, fue mi primera novia en serio. ¿Sabías que se dedica al canto, igual que Vic, la otra chica con la que salí?

—¿Cómo así? ¡Qué gracioso!

—¿Viste? Bueno, con María nos queremos muchísimo, pero, a diferencia de Vic, ella no sabe que me gustan los chicos.

—¿Ah, no? ¿Y por qué no se lo cuentas, si ahora son solo amigos?

—Porque no creo que lo tome muy bien. Su familia es del Opus Dei, imaginate… en su casa no se puede pronunciar la palabra gay, no figura en su diccionario.

—¿Así que son del Opus? ¡Qué fuerte!

—Sí, es feo, porque salimos mucho juntos, vamos al cine, a comer, y me duele un huevo que no sepa realmente quién soy. El día que se lo diga, se va a ir todo a la mierda.

—Sí, con esa gente no se puede. Mejor no le digas nada, o en todo caso mantén la distancia. ¿Está buena la ensalada?

—Riquísima.

—Me alegro. Y dime, ¿cuánto tiempo han estado juntos?

—Cerca de un año.

—Ah, bastante. ¿Cómo terminaron?

—La dejé. Fue horrible. Por un lado, me encantaba estar con ella, nos llevábamos muy bien, pero me faltaba algo, no sé. Llegó un punto en el que ya me causaba rechazo solo tocarla. No aguanté más y empecé a tratarla mal, a pelear por cualquier cosa, a no llamarla...

—Horrible.

—Horrible, súper incómodo. Hasta que un día, cuando me vino con otro de sus planteítos de nena histérica, la mandé al carajo, mal, la hice llorar un montón, no sabés lo que fue.

—Me imagino.

—Pero no te creas que la dejé y me empecé a acostar con todos los putos de Buenos Aires, nada que ver. La dejé y me quedé solo, y cada vez que tengo alguna fiesta o salida con amigos *straight* la llevo como acompañante, simulando que es mi flamante novia, mi chica, tan inocente, tan virginal, toda rubiecita, con ojitos verdes... La verdad, me encanta que todo el mundo piense que es mi novia.

—Te entiendo perfectamente.

—Pero es evidente que vos sos más macho que yo. Es raro, no pareces nada gay...

—No soy totalmente gay, en todo caso soy totalmente bisexual —dijo entre risas—. Me gustan las mujeres, pero ocasionalmente puedo acostarme con hombres.

—¡Ah! O sea que yo soy una ocasión...

—Tú eres el niño más lindo de Buenos Aires. Y no te enojes si te digo la verdad. Pero no nos desviemos, estábamos en que no le puedes decir nada a María sobre los chicos y todo eso. ¿O sea que no has salido del closet? ¿No se lo has dicho a nadie?

—Más o menos. Depende el grupo de amigos con el que esté. En la revis lo saben todos, porque en ese ambiente medio que está de moda ser puto. Gonza, mi mejor amigo, que es re *straight*, también lo sabe y está todo bien. Pero mi grupo de amigos del colegio de curas no lo saben, ni mis primos, ni mis hermanos... y mucho menos mis viejos.

—Ah, entiendo, ¿y cómo crees que reaccionarían tus padres?

—No sé, con papá supongo que está todo bien. Es re colgado, no le importa mucho lo que hagamos ni con quién salgamos... mis hermanos y yo, digo.

—Claro.

—Lo único que le importa es su rugby y sus amigos del club. Creo que si lo siento a comer con un mono y le digo que es mi pareja, come con el mono y se le pone a charlar como si nada.

—¡Qué gracioso! ¿Y tu madre?

—Mmm... no le caería muy bien. Es súper religiosa y viene de una familia muy conservadora, re tradicional. En realidad, si le llego a decir que salgo con tipos, primero me lleva a hablar con el cura de la catedral de San Isidro, después me hace una cita con su psiquiatra y por último se muere de un ataque de presión.

—Sí, mi madre es igual. Cuando le dije que me gustaban los hombres ni se dio por enterada, me dijo que eso no era posible y siguió hablando de otro tema. La religión te hace negar la realidad.

—Absolutamente.

—En fin... ¿qué quieres de postre?

—No, nada, gracias, así estoy bien.

—Vamos, cómete un postre.

—No, en serio.

—Ok, ¿vamos?

—Vamos.

Otra vez me sentí incómodo de que él pagara. ¿Pero qué iba a hacer? ¿Pagar la cuentaza del Hilton? ¿Invitarlo con total naturalidad, como si la plata me sobrara? Si él quiere ir a lugares caros, que se joda, fue mi reflexión anti culpa. Yo, si tengo un novio, lo llevo a uno de esos restaurancitos fashion de Palermo Hollywood que tienen toda la onda pero son para tirados como yo y ofrecen menús de diez pesos. Eso es todo lo que puedo financiar, y al que no le guste, que se joda. Pero Felipe, un amor como siempre, pagó con total discreción y trató de obviar el tema.

De vuelta en la habitación me pidió cinco minutos para bañarse, porque desde que había bajado del avión tenía ganas de meterse a la ducha. Le dije que sí, que cómo no, que no había problema, y me quedé mirando la tele mientras se desnudaba a mi lado. Miraba la tele y lo miraba a él, obvio. Al poco rato de irse para el baño me llamó con un grito.

—¿Si? —le dije mientras me acercaba.

—¿No quieres meterte a la ducha? Está riquísima.

—No, todo bien.

—Vamos, no seas aguafiestas.

—No, en serio.

—¿Por qué no?

—Me da un poco de vergüenza...

—¿Cómo te va a dar vergüenza?

—Sí, no sé, nunca me bañé con nadie, y me da cosa estar así, desnudo, como si nada. Ya sé que no tiene sentido, pero bueno.

—Vamos, déjate de hablar huevadas y métete, que está calentita.

—Ok, pero no mires.

Me saqué el pantalón, la remera y las medias y los puse encima de la silla, al lado de la cama. El calzón me lo dejé puesto hasta llegar a la ducha.

—Ven, métete —me dijo.

Me saqué el calzón y entré. Felipe tenía el pelo echado hacia atrás por el agua, cosa que me encantó, y en su cara mantenía inalterable esa sonrisa que me derretía. Se movió del chorro para cederme el espacio. Yo me mojé el pelo y dejé que me jabonara la espalda, pasando luego por el pecho y terminando más abajo. Recuerdo el enorme placer que sentí con sus manos jabonosas recorriendo mi cuerpo entero, una sensación que nunca antes había experimentado con nadie. Cuando terminó con el jabón me di vuelta, giré, lo abracé bien fuerte y sentí su cuerpo mojado entre mis brazos. Pronto volvió a darme vuelta, poniendo mis manos contra la pared, y me jabonó la parte de atrás, ya no la espalda, sino más abajo. Luego de un breve contacto inicial, empezó a jugar con sus dedos, a explorar mis límites. Al principio me dolió un poco, pero no tanto, y después me empezó a gustar.

—¿Quieres que te coja? —preguntó con cierta violencia en la voz.

No respondí, pero él entendió mi silencio como un dudoso sí y me la metió sin más preámbulos, de un envión. No puedo dar cuenta del dolor que sentí, fue mucho peor de lo que había imaginado. Me dolió como mierda, tanto que apenas alcancé a empujarlo para zafarme de su coso y salir corriendo, todo mojado, para el cuarto. Me tiré en la cama, con la almohada tapándome la cabeza, y lloré como una nena a la que habían violado. Lloré, ya no de dolor, sino de rabia. Rabia por querer coger y no poder, por darme cuenta una vez más de lo imperfecto que era el sexo gay, por sentir que mi culo estaba cerrado como un candado y me moría del dolor cada vez que alguien intentaba abrirlo, por acordarme de Diego, de que me dejó por eso, de que todos los chicos que me gustaban no querían ser nenas en la cama. ¡Mierda! ¿Por qué todo está al revés? ¿Por qué no me gusta coger chicas pero tampoco me gusta que me cojan chicos? Pensé todo eso y lloré desconsoladamente, sin poder ocultar la vergonzosa escena que estaba haciendo frente a Felipe.

—No llores, pues, mi niño lindo —dijo con toda la ternura del mundo mientras ponía una toalla sobre mi espalda y me abrazaba despacito.

Yo no reaccionaba, solo seguía lagrimeando, ya con cierta desesperación.

—Tranquilo, no te preocupes —me susurró al oído—. A mí me da igual si te la meto o no, eso no es lo importante. Lo importante es que te quiero, que me gustas, que me encanta estar contigo... Lo demás es una cosa física que para mí no tiene importancia.

—...

—Ya, no llores, mi niño lindo, yo te quiero igual. ¿Me prometes que no vas a estar triste?

—Sí —respondí entre llantos, abrazándolo bien fuerte y amándolo más que nunca.

OCHO

—Te comunicaste con el 862-7632 de Victoria Larreta. Por favor, dejá tu mensaje después de la señal.

—¡Vic! ¿Estás ahí? Soy yo, Martín. Nada, te llamaba para saber a qué hora cantabas el viernes, porque...

—¡¡¡Martín!!! —gritó una voz aguda.

—¡¡¡Vic!!! ¿Qué hacés? ¿Estabas ocupada?

—No, sorry, es que recién salgo de la ducha. ¿¡Qué hacés, boludo!?

—Bien, re bien. ¿Vos, qué onda?

—A mil con el concierto. Me imagino que vas a venir, ¿no?

—Obvio, nena. ¿A qué hora era?

—A las once, en el Roxy. Si no venís moriste, ¿ok?

—Ok.

—Che, ¿así que volvió tu chico latino? ¡No lo puedo creer! ¡Lo tenés muerto!

—¿Leíste mi mail? Estamos a full. Vino solo por un día, el domingo pasado, y se fue el lunes a la madrugada.

—¿Y todo bien?

—Bárbaro, cada vez mejor. Ahora se fue a Chile a hacer un programa, y me invitó para que vaya a visitarlo la semana que viene. Compró mi pasaje por teléfono, desde la suite del Hilton. ¿No es re top?

—¡Qué divine! Me muero por conocerlo. ¿Cuándo me lo vas a presentar, nene?

—A duras penas lo puedo ver yo, y cada tanto, así que por el momento no te hagas ilusiones.

—¿Ahora que tenés novio famosillo estás en estrella? —preguntó irónica.

—Absolutamente. Pero no digas novio, por ahora solo somos amantes.

—¡Bueno! ¡Cómo estamos! ¡Se vino el destape gay!

—¿Viste? Ahora no me para nadie.

—¡Estás como loca! Che, sorry, te tengo que cortar, vino la camioneta a ayudarme con los equipos para el ensayo. Te veo el viernes, ¿sí?

—Seguro.

—Te mando un beso, te quiero mucho.

—Yo también, chau, Vic.

Con Victoria nos separamos justo antes de que yo empezara a salir con Diego. Fue mi segundo intento de noviazgo con el sexo opuesto. Primero María, después ella. Jugamos a ser la parejita perfecta durante unos dos meses, pero la cosa no funcionó. ¿Por qué? Básicamente, nunca me la pude coger, no fui lo suficientemente macho, y si algo le gusta a Vic es recibir un buen polvo al menos día por medio. El problema fue que no me enamoré de su cuerpo, sino de su voz. Y creo que es imposible cogerse a la voz de alguien sin prestar atención a la carne.

La separación fue muy amable. Ella me dejó justo antes de que yo le pidiera que nos distanciemos, así que más que un sufrimiento fue un alivio para los dos. Ahora Vic es una de mis mejores amigas, una de las personas que más quiero. Y le encanta mi lado gay. Cuando le conté que había empezado a salir con un chico tomó las cosas con mucha calma y me dijo: "Por fin lo asumis-

te, nene. Yo ya me había dado cuenta desde el principio". A partir de esa conversación nos hicimos súper
amigos y confidentes, mucho más íntimos que cuando
estábamos de novios.

Conocí a Vic en un pub de San Isidro, cuando yo tenía dieciocho y ella diecisiete. En ese tiempo se dedicaba a cantar en bares de amigos y ya se había hecho un
nombre entre la gente bien de Zona Norte. En realidad,
el nombre siempre lo tuvo, porque nació siendo la hija
de Mauricio Larreta, uno de los banqueros más impor-
tantes de la Argentina. Recuerdo que esa noche cantó
una canción de Cranberries que me dejó fascinado.
"What' s in your head, in your head?, zombi, zombi!",
gritaba con pasión y me ponía la piel de gallina. Pero yo
era tan nerd y ella tan popular, que me moría de la vergüenza de solo pensar en ir a hablarle. No la volví a ver
por mucho tiempo, porque justo empecé la facultad y
dejé de frecuentar el asfixiante ambiente sanisidrense
de chicos rugbiers y chicas hockey en el que ella era la
reina y yo el bufón.

Cuatro años más tarde, nuestras vidas se cruzaron otra
vez. Fue en Carmelo, Uruguay, en un exclusivísimo club
de playa al que había sido invitado por Mariana, mi jefa,
para celebrar el año nuevo y disfrutar de una semanita
de relax. La familia de Victoria pasaba gran parte del
verano en la mansión que el viejo Larreta había hecho
construir sobre la orilla de las costas uruguayas, y ella
tenía que presentarse, muy a su pesar, al menos para la
fiesta del 31 de diciembre. Esa fue la noche en que la
volví a ver, aunque en un primer momento no la recono-
cí. Solo alcancé a ver a una chica sentada en la mesa de
su familia, sola y con cara de culo mientras todos baila-
ban el *meneíto* entre pitos, matracas y litros de champagne.
Yo también odiaba el *meneíto*, y sobre todo odiaba ver a

todos esos ricachones borrachos intentando pasitos de baile ridículos junto a sus esposas rebronceadas y súper producidas. Para qué mierda habré venido, esto es un embole. Encima no conozco a nadie, pensé mientras contemplaba el baile con angustia. Justo antes de emprender la retirada, odiándome por haber gastado 200 dólares en el avión y pensando que todavía me quedaban cuatro días de convivencia con esa gente, me tropecé con Vic, que estaba medio tomada y también buscaba la salida.

—¡Uy, *sorry*! —me dijo con su tonito de nena bien de San Isidro, tratando en vano de limpiar el champagne que había volcado sobre mi pantalón—. ¿Estás bien? Re sorry, te juro que no te vi —siguió culposa.

—No, todo bien, no te preocupes —respondí con una amabilidad exagerada.

La miré a los ojos. Su cara me era familiar. Tenía el pelo corto (con un peinado medio under), llevaba un piercing de brillantes en la nariz y estaba vestida toda de blanco, igual que el resto de su familia. Yo sabía que en algún lado la había visto, y como ya era tarde y no tenía nada que perder en esa fiesta mierdosa, hice a un lado la timidez y le pregunté:

—¿No nos conocemos?

Se quedó mirándome un buen rato.

—No, creo que no. ¿Cómo te llamás?

—Martín.

—¿Martín qué?

—Alcorta.

—Ah, no, ni idea —dijo sin interés.

—¿Y vos?

—¿Yo qué?

—Tu nombre...

—Victoria Larreta —pronunció firme, como orgullosa.

—¡Ah! ¡Claro! Ya sé de dónde te conozco. Vos cantabas en Elfos, el pub de San Isidro.

—¡Sí! No te puedo creer que te acuerdes de esa época, ¡qué buena memoria la tuya!

—Es que te escuché cantar y quedé muerto con tu voz.

—Bueno, gracias, no exageres —se sonrojó.

—¿Ya te ibas?

—Sí, esto no da para más, me voy a tomar un poco de aire a la playa, y después a dormir. ¿Qué otra cosa se puede hacer acá?

—Yo también necesito un poco de aire. ¿Te puedo acompañar? —pregunté, muerto de vergüenza.

—Sí, obvio.

Fuimos a la playa y nos sentamos en la arena a ver la luna y las estrellas. Me preguntó a qué me dedicaba, dónde vivía, qué hacía en una fiesta como esa y por qué no estaba acompañado. "Nunca estoy acompañado", le dije haciéndome el gracioso, y le pregunté si seguía cantando, cuánto tiempo más se quedaría en Carmelo y si estaba acompañada. "Yo tampoco suelo andar acompañada", me contestó graciosa, luego de decirme que seguía dedicándose a la música ("ahora tengo una banda en serio", dijo orgullosa) y había planeado pasar solo una semana más en su casa de playa porque después debía volver a Buenos Aires a ensayar con el grupo. Enseguida le pedí un tema, una estrofa. Sin dar muchas vueltas empezó a cantar "Are you strong enough to be my man?", de Sheryl Crow, y me quedé perdidamente enamorado de su voz. Esa noche no la acaricié, no la abracé ni traté de darle un beso, solo le pedí que me cantara hasta el amanecer, y pensé: quiero que seas mi novia.

Al día siguiente nos encontramos en la playa. Hablamos de la fiesta de la noche anterior y me contó de los recuerdos que le traía ese lugar, al que iba desde muy pequeña. Tomamos sol un buen rato y cuando el calor se hizo insoportable me dijo para meternos al mar y dar un paseo en canoa. Acepté sin dudar. La vi correr hasta la orilla. Me detuve a contemplar su cuerpo en traje de baño. Llevaba un biquini color turquesa que solo alcanzaba a cubrirle esas partes que me resultaban algo traumáticas. Pensé: si nunca te veo desnuda, podemos llegar a ser una pareja muy feliz, y corrí al mar. Después, en la canoa, los dos mojados bajo el sol, le pedí una canción de Alanis.

—Bueno, pero me vas a tener que dar algo a cambio —respondió.

—Lo que quieras —le dije justo antes de sentir su boca húmeda entre mis labios.

Mientras nos besábamos, puso su mano entre mis piernas, por encima del traje de baño. Con un movimiento suave la devolví a su lugar y le dije:

—Mi canción, Vic. Ya te di un beso, ahora dame mi canción.

Amo los freeshops. Me fascina sentir que estoy pisando un poquito de primer mundo cuando cruzo los controles de inmigración y ya me siento fuera de mi empobrecido país. Chau, Argentina, nos vemos prontito, pero ahora dejáme disfrutar de este paraíso. Dejáme disfrutar, aunque sea por un ratito, de ese aire viciado pero riquísimo que sale de las muestras de perfumes, de las cajas de chocolates, de los pañuelos Hermés y las carteras Burberries.

Qué bueno está el Issey Miyaki, pienso mientras me

echo litros de una muestra gratis. Me encanta ese perfume, me gustan todos, los quiero todos, necesito tener un baño gigante con un montón de repisas llenas de frascos de perfume. Para invierno, para verano, para un día de campo, para una noche de fiesta, para ir a la oficina, para una velada romántica... los quiero todos. Pero a duras penas me alcanza para uno, y de los más baratitos. Quiero un Issey Miyaki. ¿A ver el precio? ¡¡54 dólares!! ¡Doscientos mangos por un puto perfume! ¡Qué devaluación del orto! Claro, si no salgo del país desde que el dólar se disparó y el peso se fue al carajo. No puedo estar en un freeshop y no comprar nada. No puedo, es más fuerte que yo. Para eso me quedo en Buenos Aires. Si gano en pesos, tengo que gastar en pesos. ¿Cómo mierda pasamos de uno a uno a cuatro a uno? El año pasado, cuando salía de viaje, volvía con cinco o seis perfumes, y hasta le compraba uno a mamá y otro a mis hermanas, pero ahora me gasto todo en un mísero frasquito de Issey Miyaki. No importa, cierro los ojos y desembolso los 200 pesos y me siento feliz. Ese olor me hace feliz, y quiero que Felipe esté tan contento como yo cuando me bese el cuello y sienta las bondades del Issey Miyaki. Él me compró las zapatillas y me dejó el pasaje, no puedo caer con las manos vacías. Pero me queda muy poca guita. No me da para gastar otros 200 mangos en un perfume. ¿Y si le doy el que me acabo de comprar? No, ni en pedo, está bien que lo quiera y todo eso, pero mi amor por él está bastante lejos de la lujuria que siento por los freeshops. En el Plaza, cuando nos conocimos, Felipe tenía varios tarritos de dulce de leche que lamía con el dedo haciéndose el chico sexy. No, obvio que no puedo caer con un pote de dulce de leche, es re out, pero acá tienen un stand de La Salamandra en el que venden packs con varios tipos de dulce de leche. Listo, le llevo eso y quedo re bien, como que me acordé de cuando nos conocimos y toda esa boludez sentimental que me va a servir para gastar 10 dólares en vez de 50. Perfecto, bárbaro, el paquetito está divino. Le va a encantar.

"Último llamado para el vuelo 600 de LanChile con destino a la ciudad de Santiago. Se solicita a los pasajeros abordar por puerta 4", sonó el altoparlante.

Es el mío, pienso nervioso. Me colgué una hora mirando boludeces y sufriendo por lo que no me puedo comprar y se me hizo tarde.

Me acomodo en uno de los asientos del fondo, en clase turista, obvio. ¡Mierda! Estoy rodeado por una familia de chilenos que disfrutan felices de todo lo que se compraron en Argentina a precios miserables. Cómo los envidio. Pensar que hace un año era yo el que me iba a esquiar a Portillo porque estaba baratísimo y pasaba por Santiago para hacer unas compritas.

—Disculpa, ¿podrías ajustarte el cinturón de seguridad, que ya estamos por despegar? —me dice uno de los comisarios de a bordo con la vista clavada ahí abajo, donde va el cinturón.

—Si, perdón —respondo sin dejar de mirarlo.

Es rubiecito, de ojos claros, con una sonrisa y un porte nada despreciable, está bueno. Seguro que pertenece al club, claro, es azafato, todo hacendoso, con el pelito cortito y paradito con gel y la mirada puesta en los alrededores de mi cinturón de seguridad. Sí, debe ser socio vitalicio, pienso. No puedo dejar de mirarlo. Va y viene, habla con sus amigas azafatas, hace chistes, empuja el carrito de comidas, me sirve bebidas. Qué amoroso el comisario, qué bien le queda su uniforme, cómo le sientan esos pantaloncitos azules ajustados y esa camisita blanca con mangas cortas que muestran un par de bíceps bien hinchaditos, me digo bien puto, aunque no hago nada al respecto porque me moriría de la vergüenza. Solo me dedico a contemplar sus idas y venidas por los angostos pasillos de la clase turista.

Por fin aterrizamos. Estoy ansioso por ver a Felipe. Me paro del asiento, agarro el equipaje de mano y me apuro para salir cuanto antes. Cuando dejo el avión, saludo a mi querido comisario, que inesperadamente me da la mano y me pasa un papelito. Me alejo y leo: "Yo tampoco he podido dejar de mirarte. Estaré en la ciudad tres días. Llámame al 09 4780316". ¿Fui tan obvio? Mirá lo puto que resulté, pienso mientras hago un bollito con el papel y lo tiro, porque ahora lo único que me interesa es ver a mi Felipito.

Luego de soportar una tediosa fila de pasajeros y las inevitables inspecciones de aduanas, logro ingresar legalmente a Chile. Recojo mi bolso, camino apurado hasta la salida en busca del chofer con un cartelito que diga mi nombre y ahí lo veo. ¡Es Felipe! Me vino a buscar. Qué amor, pienso. Corro hasta la puerta y lo abrazo fuerte. Me quedo así un rato largo, sintiendo esa mezcla tan suya de olores entre el cuerpo, el perfume Davidoff y la campera de cuero negra.

—¿Cómo está mi niño? —me pregunta al oído.

—Bien, gracias por venir, en serio.

—De nada, de nada. Ven, vamos, que todo el mundo nos está mirando —me dice separando su cuerpo del mío.

Recién en ese momento alcanzo a darme cuenta de que, efectivamente, todo el mundo nos está mirando. Y me muero de la vergüenza. En Chile, Felipe es muy conocido, todavía más que en Argentina. Me encantaría darle un beso, pero acá, imposible.

Mientras caminamos hasta el auto nos paran unas viejas, un matrimonio cincuentón y un grupo de adolescentes. Todos quieren lo mismo: "Felipe, ¿me firmai un autógrafo?", repiten, y él, con toda la simpatía del mundo, se detiene a hablar con cada uno como si fuera un político en campaña mientras yo me muero del embole. Me quedo parado, a un costadito, tratando de que nadie note mi presencia. Y nadie lo hace, obvio, si soy un NN y todo el mundo está pendiente de los movimientos de Felipe.

—Ven, el chofer nos está esperando afuera. Toma un poco de esto, te va a hacer bien.

—¿Qué es?

—Orangina.

—No, gracias.

—Vamos, solo un poquito, debes estar muerto de sed.

—Ok —acepto sin ganas.

—Dame tu bolso, no cargues nada.

—No, yo lo llevo.

—Dame acá, en Santiago está prohibido que los chicos guapos carguen maletas. Ahí está el carro. Sube nomás.

—Gracias.

—¿Todo bien, don Felipe? —pregunta el chofer mientras mete el bolso al baúl.

—Todo bien, don Ernesto. Vamos al hotel, por favor.

—¿A cuánto estamos del hotel? —pregunto.

—Una media horita, pasa rápido —contesta Felipe—. Vamos por la Pirámide, que el camino es más bonito —le indica al conductor.

—Media hora... —murmuro, y pienso: tengo que esperar media hora para darte un beso, para hacerte cariñito en el cuello sin que nadie nos vea. ¿Por qué las parejitas chico y chica andan lamiéndose en plena vía pública y yo ni siquiera te puedo dar un beso de reencuentro después de dos semanas sin vernos?

No digo nada. Miro por la ventana, el paisaje es soña-
do. Cerros verdosos, una autopista cuidada, plantacio-
nes de uvas, el celeste intenso del cielo y la cordillera de
fondo. Ahora giro la cabeza y miro a Felipe, sus anteojos
oscuros, su gorrita azul de Georgetown Dad, su campera
de cuero negra, su cara, sus brazos, sus piernas, sus manos. Ni siquiera puedo darle la mano. En realidad, sí
puedo, pero a escondidas, porque no resisto la tentación
de tocarlo y me saco la campera, la pongo sobre sus piernas y deslizo mi mano derecha con el mayor disimulo
posible, alcanzando a tocar su mano izquierda. Me quedo así hasta que llegamos al hotel, acariciándolo despacito, a escondidas, y disfrutando de sus miradas cómplices.

—Listo, acá nomás, don Ernesto —dice Felipe.

Bajamos y nos detenemos un momento en recepción.

—¿Cómo estás, Andreíta? —saluda Felipe a la chica
del front desk.

—Bien, señor Brown. ¿En qué lo puedo ayudar?

—Mira, mi amigo Martín Alcorta se va a quedar conmigo hasta el lunes. Solo quería que lo conozcas y lo
ayudes con cualquier cosa que necesite, ¿ya?

—Ya, señor, ningún problema. ¿El señor Alcorta va a
tomar otra habitación o prefiere que le instalemos una
cama extra en su suite?

—No, no hace falta otra cama. Martín se va a quedar
conmigo, está bien así.

—Entendido, señor —dice la recepcionista sin poder
ocultar su incomodidad, que no parece afectar a Felipe
en lo más mínimo—. Ya envío las maletas a su habitación.

—Gracias, Andrea, eres un encanto.

Subimos al cuarto en compañía del botones, que es
un parlanchín y no para de adular a mi novio. Intento
llevar el bolso yo mismo, pero Felipe no me deja y trae a
este pelmazo que no se nos despega ni en el ascensor y

no sabe callarse la boca. En la suite, el botones parlanchín entra con mi bolso, lo acomoda al lado del placard y se queda esperando su propina, mientras yo pienso por qué no se va de una buena vez este imbécil. Voy al baño a lavarme las manos. Cuando salgo, Felipe está parado frente a la ventana y comienza a darme una serie de indicaciones geográficas de la ciudad: "Ahí esta el barrio Las Condes, más allá, Valle Nevado, y si sigues por esa ruta llegas a la playa". Y yo, que no aguanto más, lo agarro por la espalda, lo abrazo fuerte, le doy vuelta y le robo el tan ansiado beso de bienvenida.

NUEVE

Es viernes en la tarde. Ya almorzamos y nos dimos el correspondiente revolcón de reencuentro. Yo estoy feliz por los tres días que me esperan junto a Felipe en este hotel de lujo, dedicándome a la nada misma. Me acuerdo de Ana Correa, ex editora de *Soho BA* y ex jefa mía, que dejó Buenos Aires para pasar un tiempo en Santiago trabajando como productora de televisión. Ana sabía de mi visita, pero no tenía idea de Felipe ni de todo lo que vino después de Victoria.

—¿Aló? —contesta como si fuera una chilena de verdad.

—¿Hablo con Ana Correa? —pregunto inseguro.

—Sí, soy yo, ¿quién habla?

—¡Ana! ¡Soy Martín, Martín Alcorta!

—Hola, Martín, ¿cómo estás? —dice tan correcta como siempre. La euforia no era una de sus cualidades más sobresalientes.

—Bien, recién llegado. ¿Vos, qué tal?

—Con mucho trabajo en el canal, pero muy bien, por suerte. ¿Dónde estás parando?

—En el Sheraton.

—¿Qué, te mandó *Soho*?

—No, estoy de visita, como turista.

—¿Y te quedaste en el Sheraton? ¡Qué top lo tuyo! ¿A qué viniste?

—Bueno, es un asunto medio complicado...

—Contame, ¿necesitás algo?

—No, para nada, gracias. ¿Lo ubicás a Felipe Brown?

—Sí, el escritor, el de la tele. ¿Qué tiene que ver? ¿Viniste a entrevistarlo?

—No, a visitarlo.

—¿Qué?

—Sí, estoy con él, estoy saliendo con él.

—... ¿Cómo?

—Sí, lo conocí en Buenos Aires, en una entrevista, y me invitó a pasar unos días acá para que estemos juntos.

—Ah —dice con una incomodidad evidente—. ¿Mirá vos? Bueno, te felicito. ¿Y Victoria?

—Creo que te perdiste una parte importante de la historia.

—Sí, ya veo. ¿Qué tal es el tipo?

—Un amor, divino, súper amable, me re cuida, es amoroso. Aparte nos llevamos muy bien, pensamos muy parecido...

—¿Pensamos, dijiste? —pregunta entre risas.

—Sí, ¿qué pasa, cuál es el chiste?

—Disculpáme, pero no creo que le importe mucho lo que pensás.

—...

—El tipo quiere carne fresca.

—Nooo, nada que ver. Se nota que no lo conocés, es un amor. Ya vas a ver cuando te lo presente.

—¿Qué edad tiene?

—Treinta y siete.

—¿Y vos, cuántos tenés, veinticinco?

—Veinticuatro.

—Carne fresca, querido. Hacéme caso, que yo tengo

93

experiencia en estas cosas. En otras épocas, también he sido carne fresca.

—Bueno, da igual —dije resignado— ¿te parece que almorcemos mañana sábado? Me dijo el señor "carne fresca" que estás invitada a comer con nosotros acá, en el hotel.

—¡Ay! ¡Buenísimo! ¿Te parece bien una y media?

—Mejor a las dos, Felipe duerme hasta tarde.

—Ok, mañana a las dos. Besos.

—Chau.

Me quedo pensando: ¿carne fresca? ¿Pero qué le pasa a esta mina? ¿Y si tiene razón? No, nada que ver, si Felipe me viera como carne fresca, me hubiera querido coger el primer día. Aunque sí, en realidad quiso cogerme el primer día. Pero, claro, no pudo porque nos cagamos de risa con el porro y terminamos muertos de sueño. La segunda vez tampoco cogimos y, sin embargo, me invitó de viaje. Además, si es por eso, este tipo se puede coger a pendejos mucho mejores que yo, chicos carilindos, musculocas de gimnasio, lo que quiera. De última, si solo quiere carne, llama a un taxi boy y chau. Claro, que no joda Anita, Felipe me quiere, de eso estoy seguro.

Esa noche era la fiesta de cumpleaños de Julio Santamaría, un escritor y guionista de la televisión chilena. Felipe me dijo para ir, así conocía a su amiga María Paz, a quien tanto le había hablado de mí. Yo acepté sin dudar, tenía muchas ganas de conocer a la famosa María Paz y, según me dijo Felipe, en la fiesta estaría la crème de la crème santiaguina, cosa que me pareció irresistible. No sabía qué ponerme, así que opté por lo más seguro: jean gastado, zapatos negros, remera negra y campera de cuero, también negra. Eso no podía fallar. Felipe se vistió igual que siempre, no dedicó ni un segundo a pensar en su vestuario. Era Felipe Brown, podía vestirse como le cantara el orto, que siempre iba a acaparar todas las miradas. Y así fue.

Cuando llegamos al departamento del homenajeado y su novio, Maxi, un argentino comisario de a bordo que se enamoró del chileno y dejó su trabajo para irse a vivir al otro lado de la cordillera con su nuevo amor, todos los presentes clavaron las miradas en Felipe y, esporádicamente, en el pendejo que lo acompañaba, o sea, yo. Me sentí un poco intimidado, pero a la vez me gustó saber que la gente se fijaba en mí, se preguntaba quién carajo era, de dónde había salido y qué diantres hacía con Felipe Brown. El departamento era divino. La gente, lo más freak y top de Santiago: actores, modelos, escritores, fotógrafos, periodistas, todo el ambiente artístico representado por una turba de personajes pintorescos. Yo, feliz con la escena, no dejaba de observar cada cosa rara que pasaba ahí adentro, en especial a un chico rubio que estaba bárbaro. Felipe me presentó a María Paz (divina, súper sexy y sofisticada), al cumpleañero y su novio, a un par de actrices y a los directores de una revista fashion. Todo el mundo me sonreía y preguntaba cosas del tipo "¿Cuándo has llegado? ¿Te gusta Santiago? ¿Y tú a qué te dedicas? ¿Y cómo lo conociste a Felipe?", a lo que yo respondía entusiasmado, sintiéndome como pez en el agua en esa fiesta frivolona.

Mientras Felipe hablaba con el homenajeado, María Paz me pidió que la acompañara a la barra a servirnos un trago. Estaba con un vestido negro bien ajustado que se adhería al contorno de su increíble figura. Tendría unos treinta años, el pelo castaño, ojos color miel y una belleza que te paralizaba al primer encuentro. Olía riquísimo.

—Cuéntame, Martín, ¿cómo van las cosas con Felipe? —preguntó en tono confidente.

—Bien, tranquilos, recién nos estamos conociendo —respondí feliz con su complicidad.

—Qué bueno. Felipe necesitaba un hombre hace rato, te lo digo por experiencia.

No supe qué contestar. Me quedé callado, la miré y sonreí.

—No sabes lo amoroso que es. Se la pasa hablando de ti, se nota que le has pegado fuerte —siguió.

—¿A que viene eso de "te lo digo por experiencia"? —la interrumpí.

María Paz se puso incómoda, como si estuviera arrepentida de sus palabras.

—No te preocupes, Felipe me contó todo de ustedes —dije para tranquilizarla.

—Ah, menos mal, pensé que había hablado de más. Bueno, entonces sabrás por qué te digo que necesitaba un hombre, porque conmigo las cosas no funcionaron, y yo siempre le decía: "Tú tienes que estar con un hombre". Por eso me hace tan feliz que haya dado contigo. Y ahora que te conozco, más todavía.

—Gracias, sos divina. ¿Y ahora, vos y Felipe son muy amigos?

—Somos hermanos, siempre está cuando lo necesito, a pesar de que vivimos tan lejos. No sabes lo buena persona que es.

—¿Molesto? —interrumpió Felipe.

—No, mi amor, usted nunca molesta. Venga, siéntese, voy a buscar a Julito —dijo María Paz.

—¿Todo bien? —me preguntó Felipe.

—Si, bárbaro. María Paz es una copada.

—¿Has visto? Es genial. Y parece que le has caído bien. ¿No te molestaría que vayamos saliendo? El humo del cigarrillo y la música tan fuerte me matan, y no he dormido bien. No te molesta, ¿no?

—No, para nada, vamos —respondí mientras por adentro pensaba: ¡Mierda! La fiesta está buenísima, ¿por qué no se va solo y me deja, que me estoy cagando de risa?

—¿No quieres quedarte y nos vemos luego en el hotel?

—¿Cómo te voy a dejar solo? —me apuré a decir—. No, en serio, vamos. Bancáme un minuto que voy al baño, si querés, andá despidiéndote.

—Gracias, eres un amor.

Enfilé para el pasillo que daba a los dormitorios y me metí en el primer baño que encontré. Cuado tuve el pantalón desabrochado y las partes al aire, alguien abrió la puerta con fuerza. Solo alcancé a gritar "¡ocupado!", pero ya era demasiado tarde: un tipo se metió y cerró la puerta. Era el rubio que me había coqueteado toda la noche.

—¿Así que tú eres el noviecito de Brown? —preguntó, sarcástico.

—¡No ves que está ocupado! —contesté, nervioso.

—Conmigo no te hagas el romántico, que vi cómo me mirabas desde que llegaron —dijo, acercándose cada vez más.

—¡Qué te pasa! ¿Estás loco? —le grité subiéndome los pantalones.

En realidad, el tipo me encantaba y me sentía halagado de que se hubiera metido al baño conmigo, pero no daba.

—Vamos, no te hagas el santo, que ya conozco a los maricas como tú. Toma, jala un poco para animarte —dijo echando una línea de coca sobre la mesada del lavatorio.

—¡No me jodas! Y ahora salí de acá, que se van a dar cuenta.

Aspiró el polvo con violencia y me empujó contra la pared. Comenzó a besarme. No me pude resistir, el tipo me volvía loco. Respondí, lo abracé, le toqué el culo y empecé a subirle la remera.

—Martín, ¿estás ahí? ¿Estás bien?

Era la voz de Felipe. Se me paró el corazón.

—¡Sí, ya voy! ¡Esperáme en la puerta! —grité en pánico.

—Bueno, no te demores, ¿ya?

—¡Ya!

Angustiado, empujé al tipo a la ducha, vi cómo se le caía la coca al piso y se agachaba desesperado a recogerla. Salí espantado, caminé rápido hasta la entrada y busqué a Felipe.

—¡Vamos! —le dije

—Estás agitado, ¿pasa algo?

—No, vamos, ¡dale! —insistí.

Llegamos al hotel y al ratito nos quedamos dormidos en la misma cama. No games, no sex. La noche fue incómoda: no me moví temiendo despertarlo, no me rasqué, no di vueltas, evité los malos olores, traté de levantarme lo menos posible para tomar agua o ir al baño. Él no dijo nada, pero al día siguiente amaneció con un humor de perros. Fue la primera vez que lo vi con cara de orto. Se levantó, salió a correr y regresó justo a la hora del almuerzo con Anita Correa.

Luego de terminar los postres, pagar la cuenta y hacerme quedar como un rey frente a mi amiga argentina, Felipe pidió permiso para ir a dormir la siesta y nos dejó, "para que puedan hablar sus cosas con toda libertad", dijo.

—¡Qué envidia, nene, quién pudiera tener un novio así! —suspiró Ana, una vez que Felipe atravesó la puerta del ascensor—. ¿Cómo lo enganchaste?

—El amor todo lo puede —respondí entre risas—. ¿Seguís pensando que solo me ve como un pedazo de carne fresca?

—Mira, no sé, ahora tengo mis dudas, pero da igual. Lo importante es que es súper agradable, inteligente, generoso... ¡Y está bárbaro! ¿Qué más se puede pedir? Te digo una cosa, tiene mucha más onda personalmente que en la tele.

—¿Viste? A mí me pasó lo mismo: cuando lo fui a entrevistar no quería saber nada, después lo conocí y me mató —le expliqué alzando la tacita de café.

—Bien por vos, te felicito.

—Gracias...¡Ah, pará! Me olvidé de contarte lo que me pasó anoche, ¡no me lo vas a creer!

Tras detallarle el episodio del coquero sexópata en el baño, nos quedamos hablando de trabajo una hora más, para luego despedirnos con besos y abrazos. Cuando subí al cuarto estaba todo apagado, las cortinas cerradas y Felipe oculto tras las sábanas, con dos almohadas cubriéndole la cabeza. Está durmiendo, ¿qué hago?, pensé. Antes de alcanzar a salir escuché su voz:

—¿Estás bien? No te vayas, solo estaba tratando de dormir un poquito. No tuve una buena noche.

—Todo bien, me voy al bar, cuando estés despierto me llamás.

—No, quédate, igual no me puedo dormir. Tengo dolor de cabeza y ya debo empezar a prepararme para ir al canal.

—¿No es temprano?

—Sí, pero antes del programa tengo reunión de producción, un coñazo. ¿Qué hora es?

—Las cinco.

—¡No! A las seis tengo que estar en el canal. ¿Tú qué vas a hacer? ¿Quieres venir a la tele?

—No sé, como quieras.

—Yo te recomiendo que te quedes tranquilito disfrutando del hotel, porque en el canal no vas a estar cómodo. Puedes ir a la piscina, al gym, a darte un masaje... Y pide lo que quieras en el restaurante, en el bar o a room service, y lo cargas a la habitación, ¿ya? No se te ocurra pagar nada, ¿de acuerdo?

—Ok —respondí mientras buscaba mi traje de baño—. Me voy a nadar un rato. ¿Te veo a la noche, entonces?

—A las once nos vemos acá. ¿Vas a estar bien?

—Seguro, suerte, chau.

—Chau, cuídate.

No hubo besos ni abrazos ni nada. Felipe no intentó y yo, si él no quiere, que se joda, no pensaba ir a buscarlo.

Pasé una tarde estupenda haciendo uso y abuso de los servicios del hotel. A las nueve en punto prendí la tele. Empezaba *Con mucho cariño*, el programa en el que Felipe haría de conductor invitado por dos semanas. Qué nombre más ridículo, pensé, y me acomodé en la cama. Lo que vi me pareció horrible, especialmente ideado para viejas chismosas que no tienen nada que hacer un sábado a la noche. Cuando llegó, cansado y con toda la cara maquillada, exhausto por esas dos horas de adrenalina pura frente a las cámaras, sin una gota de energía porque lo poco que le quedaba se lo había chupado la maldita pantalla, tuve la puta idea de hacerme el cool, y con aire sobrador le dije:

—La verdad que el programa me pareció de cuarta. Vos estás para otra cosa, ¿no te parece?

—Sí, puede ser, pero bueno, es lo que hay —dijo de lo más tranquilo mientras se metía en la cama—. ¿Qué fue lo que no te gustó?

—No sé, los temas que trataron, la gente que opinaba... ¡Eran todos unos grasas! Muy chato para mi gusto.

—¿Y qué es lo que te gusta? —preguntó levantando levemente el tono de voz.

—¿Estás enojado? ¿Qué? ¿Preferís que te mienta, que te diga que el programa esta buenísimo cuando en realidad me pareció una mierda? —reaccioné en seguida.

—¿Así que te pareció una mierda? Bueno, esa mierda, como tú dices, pagó tu pasaje, este hotel y hasta el almuerzo con tu amiguita argentina. Yo sé que el programa no es súper cool ni tiene la onda de tu revista fashion, pero, que yo sepa, la plata que ganas ahí no te sirve para mucho, ¿o me equivoco?

—No, tenés razón. Está bien que lo hagas por la plata, pero no era para que te enojes —dije arrepentido.

—No me enojo, simplemente digo las cosas como son.

—Ok.

—...

—¿Ya te vas a dormir?

—Sí, buenas noches —dijo, y apagó la luz.

Se acabó el sábado. Primera pelea. Nada de besos ni abrazos. Nada de nada. Otra noche incómoda, otra noche sin poder movernos, sin dormir con la libertad que solo se consigue estando solo. No fue fácil conciliar el sueño. Me sentía pésimo. La cabeza no paraba de darme vueltas y hacerme preguntas: ¿Qué hago acá, tan lejos de casa, en el cuarto de un tipo que apenas conozco y resultó ser un egocéntrico de mierda que no se banca que le critiquen las bostas que hace en televisión? ¿Para qué vine? ¿Por qué no me quedé en Buenos Aires y salí a un boliche gay, donde tal vez conocía un chico más parecido a mí? ¿Qué futuro tengo con este tipo? ¿Cuándo lo volveré a ver? ¿Me pedirá perdón? ¿Tendré que ser yo el que se disculpe? ¿Qué voy a hacer mañana? ¿Me levanto como si nada hubiera pasado? ¿Me fugo, bien temprano, sin que se dé cuenta?

DIEZ

Al otro día me levanté a las nueve y, tratando de hacer el menor ruido posible, bajé a desayunar. Era muy temprano para Felipe, quien hasta después del mediodía no daría rastros de vida. Decidí salir a recorrer un poco la ciudad, lo que para mí significa visitar el shopping más grande y moderno, así que me subí a un taxi y enfilé para el Alto Las Condes. Me sentía mal por la pelea con Felipe, no sabía cómo seguiría la cosa, si valía la pena ser amable o si mejor era mandarlo a la mierda. Tampoco sabía si no era él quien me mandaría a la mierda por desagradecido. Mientras pensaba todo esto, caminando por los pasillos del shopping vi un local de Zara y supe que mis conflictos existenciales podían esperar: había llegado la colección primavera/verano, ¡y en Buenos Aires todavía seguían con las liquidaciones de invierno! Sin pensarlo dos veces me zambullí en la tienda y empecé a elegir ropa, solo para ver cómo me quedaba, porque no pensaba comprar nada hasta llegar a mi ciudad, donde el peso argentino todavía era aceptado con cierta dignidad. Me probé pantalones, remeras, camisas y hasta zapatos. Todo me gustaba, todo me quedaba bien, porque en Zara la ropa está hecha a mi medida, por eso amo tanto esa tienda. Mientras recorría los percheros, analizaba mis opciones: esta remerita es increíble. El fondo naranja, los dibujos en verde y los bordes de las mangas y el cuello también en verde. ¡Qué buena combinación de colores! Es perfecta, me queda pintada. Quince mil pesos, eso son 20 dólares, o sea, unos 70 mangos. Saladito, pero vale la pena, tal vez, esa remera nunca llegue al Zara de Buenos Aires. Me la llevo. Y ésa, azul marino de manga larga, es ideal para Felipe. Claro, le llevo un regalito y ya, nos reconciliamos y todos felices comiendo perdices. Luego de estas profundas meditaciones con mi conciencia fui hasta la caja, pagué y volví al hotel. Felipe estaba en el cuarto, tomando su juguito de naranja.

—¡Hey! ¡Estaba preocupado! ¿Dónde te habías metido?

—Fui al shopping —respondí, seco.

—¿A esta hora? ¿Estás loco?

—Me encanta ir a la mañana, siempre está vacío.

—¿Estás molesto? —preguntó culposo.

—No.

—Perdona si anoche fui un poco rudo contigo, pero no estoy durmiendo bien y a mí la falta de sueño me mata, me deja de un humor terrible. Esto de compartir la cama con alguien me resulta un tanto complicado.

—No te preocupes, perdonáme vos —le dije abrazándolo por atrás y dándole besitos en el cuello—. No soy quién para criticar lo que hacés, como si lo mío fuera mejor... Fui un desubicado, ¿me perdonás?

—No hay nada que perdonar. Olvídalo, ¿ya? —me dijo girando la cabeza y buscando mi boca con sus labios.

El beso fue largo, delicioso.

—Te traje un regalito —dije buscado la bolsa—. Mirá.

—No, mi niño, no deberías haber gastado tu plata —dijo abriendo el regalo—. ¡Está divina! Gracias, eres un amor.

—De nada. A ver, probátela, quiero ver cómo te queda. Vos te probás la tuya y yo la mía, ¿sí?

—Lo que usted diga.

Los dos nos sacamos la remera y quedamos con el torso desnudo. Antes de ponernos la ropa nueva, lo abracé acariciando suavemente su espalda. Lo besé, primero en la boca y luego en el cuello, cada vez más abajo, hasta llegar al pecho para seguir bajando. Desabroché sus pantalones y lo besé entre las piernas. Se la chupé suavecito, sin ninguna clase de técnica. Me dijo: "Sigue, por favor, sigue". Y yo seguí, feliz con la reconciliación.

El lunes a la mañana partimos a Buenos Aires. Partimos, digo bien, porque Felipe vino conmigo. Le habían mandado un mail de la producción de Chiche Gelblung invitándolo para el programa de esa noche y decidió aceptar. "¡Cómo vas a ir a lo de Chiche, es una grasada!", le dije, y me respondió: "Chiche es un amigo, yo sé que es un personaje extraño, pero a mí me cae bien". "Ok", dije. "Mejor, así estamos juntos un día más".

Tomamos el LanChile bien temprano, él en ejecutiva y yo en turista. A los cinco minutos, con el avión todavía en tierra, vino Felipe con los diarios y una copa de champagne. El avión entero nos miró de reojo. Me dijo en secreto que iba a tratar de pasarme a ejecutiva, porque adelante estaba vacío y todas las azafatas lo conocían y mimaban. Después del despegue vino una de las chicas de uniforme y me dijo discretamente: "El señor Brown lo espera adelante". Me fui para ejecutiva y todos me volvieron a mirar, esta vez con una envidia y rencor evidentes. Me senté al lado de Felipe y lo tomé de la mano. Nos acostamos juntos, sin que nos importara lo que dijeran los imbéciles mirones. Al poco rato de estar así, felices, con la ilusión de saber que nuestro encuentro se prolongaría un día más, vino la misma azafata que me había hecho pasar adelante y, con una expresión de culpa y vergüenza, me dijo: "Lo siento, va a tener que regresar a

104

turista. Ha habido quejas de otros pasajeros", y yo: "No hay problema", y volví a mi asiento clasemediero. ¿Por qué se habrán quejado? ¿Porque me pasé para adelante o porque les molestó ver que nos hacíamos cariñito en ejecutiva? ¡Váyanse a cagar, envidiosos mal cogidos del orto!, pensé mientras trataba inútilmente que mis rodillas no se clavaran en el asiento de adelante.

Cuando llegamos a Ezeiza nos estaba esperando una productora de *Edición Chiche* para llevar a Felipe al hotel. Me quedé helado al verla. Seguro que esta periodistucha de cuarta va a desparramar el chisme, y si mis viejos se enteran de que no fui a Chile por laburo, sino a ver a Felipe, flor de quilombo se me arma en casa. La saludé con un gesto seco y no dije una palabra en todo el viaje. La mina, que me miraba pero no se animaba a preguntar nada, nunca supo si yo era chileno, peruano o yanqui, y se tuvo que quedar con la intriga. Pero fue evidente que Felipe y yo éramos algo más que amigos, porque en la puerta del Sheraton, en Retiro, se bajó para asegurarse de que no hubieran problemas con la suite que tenía reservada la producción, y vio con cara de perra malvada cómo subíamos juntos al cuarto de una sola cama.

Esa noche hubo soft porno. Tocaditas mutuas y placer asegurado, sin que nadie sufriera por quién se la mete a quién. También mimos, caricias, besos apasionados y, sobre todo, amor, mucho amor. Reposar en la cama con Felipe era lo más parecido al paraíso: podía pasar horas solo mirándolo y sintiendo su respiración y sus palabras dulces en mi oído. ¿Será esto el amor?, pensé antes de quedarme dormido.

Al día siguiente tuve que ir a la revista y Felipe aprovechó para ver una peli en el Village. Hablé por teléfono con mamá y le dije que seguía en Chile, que el clima estaba divino, que hoy hacía la última nota turística para la

Soho y mañana martes estaría de vuelta en casa. Odié mentirle tanto, pero no daba para decirle la verdad, no daba para decirle que me había ido un fin de semana romántico con Felipe Brown y ya estábamos de vuelta para visitar a su íntimo amigo Chiche. A la noche, Felipe se fue al programa de Gelblung y yo me quedé viéndolo por la tele, disfrutando de mi última noche de hotel cinco estrellas.

El programa empezó a las nueve en punto, con un titular al estilo *Crónica TV* que abarcaba toda la pantalla: "Insólita recaída: Felipe Brown vuelve a las drogas", decían las letras escandalosas. No podía creer lo que estaba leyendo. ¿Era una joda? Más o menos, porque luego de ser presentado y de que Chiche le preguntara sobre su supuesto regreso a las drogas, Felipe contó entre risas el episodio del tarrito de marihuana que encontró en la suite del Plaza y fumó conmigo. Obviamente, nadie le creyó, todo el mundo pensó que era un drogón incurable o que simplemente contaba este tipo de cosas para hacer prensa. La gente llamaba y opinaba, pero nadie se tragó la versión oficial y yo, solito en ese cuarto y sin que nadie me escuchase, decía: "Es verdad, yo estaba ahí". Felipe contó que había fumado la marihuana con un amigo, y Chiche le preguntó: "¿Quién era ese amigo?", a lo que respondió: "Un chico argentino muy lindo que me acompañó esa noche". Chiche insistió: "¿Es el mismo que estaba con vos en el hotel anoche?", y Felipe, lo más tranquilo, remató: "Sí, no sabes el sexo delicioso que acabo de tener con él antes de venir a tu programa". Todo el mundo celebró con risotadas esa provocación de niño malo. Felipe los hizo cagar de risa, como siempre, y su aparición en *Edición Chiche* fue muy comentada en los programas de chimentos al día siguiente.

Antes de que mi chico llegara de vuelta a la habitación, el teléfono empezó a sonar. Atendí. Era una periodista de la revista *Pronto*, preguntándome cómo me llamaba, qué edad tenía. Los nervios me hicieron cortar y dejar el tubo descolgado. Se va a enterar medio país, pensé.

Al poco rato llegó Felipe y me tranquilizó.

—Nadie va a saber tu nombre, es imposible que lo averigüen. Mañana yo salgo bien temprano para el aeropuerto, tú te quedas hasta el mediodía y sales por la puerta lateral, por si llegan a mandar a algún fotógrafo, ¿ok?

—Ok.

—¿Te gustó el programa?

—Estuviste genial, muy gracioso, no sabés cómo me cagué de risa.

—Qué bueno. ¿No fue muy fuerte lo del sexo delicioso?

—No, estuvo buenísimo.

—Qué bien. No sabes el hambre que tengo. Mejor pidamos room service, ¿ya?

—Dale.

A las seis de la mañana del martes me desperté bruscamente con Felipe listo para irse. Me moría de la tristeza. Esta vez sí que no sabía cuándo lo volvería a ver, y esa idea no me había dejado dormir tranquilo. ¡Mierda! Lo voy a extrañar, pensé. ¿Por qué no se queda unos días más? ¿Por qué no acordamos un nuevo encuentro? ¿Me querrá tanto como yo a él? Si es así, ¿por qué no me pide que nos vayamos juntos? ¿Por qué no me secuestra y me lleva con él?

—Bueno, me espera el chofer. ¿Vas a estar bien? —me preguntó en voz baja.

—Sí —dije con lágrimas en los ojos—. Te voy a extrañar.

—No llores, mi niño. Yo también te voy a extrañar. Te prometo que nos vamos a ver pronto, ¿ya?

Me abrazó y lloré más fuerte. Salieron un par de lágrimas de sus ojos que me partieron el corazón. Me dio un beso en la boca y se fue. Me quedé solo, sin ganas de nada.

ONCE

que hacés, tincho? cómo va la vida de periodista fashion? algu-
na modelito en vista? alguna fiesta para compartir con tus
amigotes? me contaron que andás muy cerquita de la columnis-
ta de sexo... yo que vos le pido que me haga una demostración de
lo que escribe, aunque sea una mamadita!!!, jajajaja!!! che,
boludo, hoy es el cumple de manuel, nos juntamos en su casa a
las nueve, te prendés?
un abrazo,
matías

Matías era uno de mis amigos del colegio de curas. En
el grupo con el que me seguía viendo éramos cuatro:
Matías, Manuel, Miguel y yo. Ellos eran mis amigos de
siempre, antes de la facultad, antes de la revista y antes
del mundillo fashion gay. Unos cinco, seis años atrás, yo
tenía sus mismos usos y costumbres: iba a misa todos los
domingos, tenía una noviecita linda, estudiaba para ser
abogado, jugaba al rugby, usaba camisas polo, pantalones pinzados y zapatos náuticos, y con solo veinte años
ya sufría de un principio de úlcera. Ese era mi mundo y
ellos mis amigos de todos los fines de semana. En aquel
ambiente yo podía encajar si me lo proponía, me iba
bien, tenía futuro y sentía que todo era más fácil. Las
cosas ya estaban hechas, solo había que respetar la fór-

mula, adherirse al patrón, seguir las reglas del juego y no pensar demasiado. No alterarse ni distraerse. No dejarse llevar por el mal camino. Cerrar los ojos o mirar para otro lado cuando mis compañeros del gimnasio se sacaban la remera, cuando en la caja de los calzoncillos Calvin Klein veía ese cuerpo sin cara que me decía "¡sos maricón!", o cuando en el scraum de un partido de rugby todos los culos con pantalones cortos y ajustados me apuntaban directamente a los ojos para hipnotizarme. Si uno miraba para otro lado, estaba todo bien, se podía ser relativamente feliz, o al menos mantenerse tranquilo gracias a las pastillas para la acidez.

A Matías, Miguel y Manuel, mis cambios les resultaron divertidos. Les gustaba que usara ropa más loca, que me hubiera ido a estudiar Letras a la universidad de los hippies fumones, que les convidase porro de vez en cuando, que me cagara en la misa de los domingos y que me codeara con modelos y actrices mientras ellos sufrían como abogados o ingenieros en unas oficinas grises y minúsculas. "Lo tuyo es una joda", me decían. Y pensaban que yo era un winner con las mujeres, que por mi trabajo me resultaba más fácil conseguir chicas, que las tenía a todas muertas y que era un experto en la cama, porque yo siempre les detallaba las historias que me contaba Lola, la columnista de sexo, haciéndoles creer que las ponía en práctica.

Con ellos nunca había hablado de mi lado gay. No les había contado del affaire con Diego ni confesado que soñaba con tener un novio como Robbie Williams. Tampoco sabían de Felipe, obviamente. ¿Para qué les iba a largar todo ese rollo? ¿Valía la pena decirles la verdad? ¿Tenía sentido que supieran quién era realmente uno de sus mejores amigos? Y si les contaba, ¿dejarían de verme? ¿Me darían la espalda? ¿Me cagarían a trompadas por maricón? No tenía idea de cómo podían llegar a reaccionar, pero estaba muy seguro de que sería feo quedarme solo, no ir más a jugar al fútbol los fines de semana, no festejar juntos nuestros cumpleaños, no irnos a esquiar los cuatro, solos, sin ninguna mina histérica jodiendo el programa. Por otra parte, en Buenos Aires estaba de moda ser puto. Todo el mundo tenía un amigo gay. En la mayoría de los elencos de series, realitys y programas de la tele, algún chico se enamoraba de otro, y hasta se llegó a hablar de que era un negocio para los periodistas o actores hacer pública su salida del closet. ¿Estaría todo bien con los chicos? ¿Les divertiría tener un amigo puto en el grupo, como pasaba en casi todos los shows de la tele?

Esa noche me vestí discreto (remera blanca holgada y jean) y manejé apurado hasta el centro. Era martes, las calles estaban casi vacías. A las nueve y media llegué al departamento de los padres de Manuel en Recoleta. Los chicos estaban en el living, tomando cerveza y comiendo tostaditas con queso, aceitunas y papas fritas.

—¡¡Feliz cumple!! —le dije a Manuel mientras le daba mi regalito, el último disco de los Red Hot Chilli Peppers.

—¡Gracias! ¡No, boludo, no me tenías que comprar nada!

—¿Qué hacés, Tincho, cómo te baila? —preguntó Miguel.

—Bien, y vos, ¿la facu?

—Ahí anda.

—¡Tincho! ¿Qué onda?

—¿Cómo le va, Matu?

—Ingeniero Sáenz, ¡más respeto por favor! —corrigió.

—Perdón, señor ingeniero. ¿Ya descubrió cómo funciona el motor de los consoladores? —pregunté entre risas.

110

—Vos siempre con la idea fija, ¿no será que te gusta el asunto? —contestó soltando una carcajada aún más fuerte que la mía.

—Sí, desde que la columnista de sexo te enseñó dónde estaba el punto "g" masculino estás como loco, siempre hablando de lo mismo —intervino Manuel.

—La próstata, chicos, ahí esta la clave. ¿Les conté cómo se llega a la próstata? —dije haciéndome el experto sexual.

—¡Salí! ¡Sos un asco! ¿En serio dejaste que esa mina te metiera el dedo en el culo? —preguntó Miguel, indignado.

—Algo así... No saben lo que se pierden. Y Lola está buena, eso no me lo van a negar —dije con voz de macho.

En realidad, Lola nunca me demostró en forma práctica dónde estaba el punto "g" masculino, pero me dio una clase teórica maestra y yo les pasé el chisme a los chicos, aunque en el relato cambié "teórica" por "práctica" y, no sé por qué, les aseguré haber probado una nueva técnica sexual: el pasaje al paraíso.

—¡Lola está buenísima! ¡Yo le doy pa'que tenga y pa'que guarde! —gritó Matías.

—¿Y vos cómo la conoces? —preguntó Manuel, celoso.

—Me la presentó nuestro amigo periodista en un cóctel de *Soho BA*.

—¡Y no me invitaste, hijo de puta! ¿Por qué hacés diferencias con tus amigos? —de nuevo Manuel, ahora furioso.

—¡Si te invité, boludo! ¿No te acordás que me dijiste que no podías porque ese viernes te tocaba salir con tu noviecita?

—¡Ah! Fue ese viernes...

—Sí, nabo, preferiste salir con la grasa de Helenita en vez de conocer a la gente top que trabaja conmigo. Vos te lo perdiste, así que no te quejes.

—Ok, tenés razón, pero no saben cómo me la cogí a Helenita esa noche. Les juro que valió la pena. ¡Me entregó el orto!

—¡¡Qué!! —dijo Miguel, fascinado con la novedad.

—¿Y cómo entró, así nomás? —pregunté yo, envidiando a la trola de Helena por usar la parte de adelante y la de atrás como le dé la gana.

—Sí, con el lubricante que viene en los forros —me explicó Manuel, con total naturalidad.

—¿Y no le dolió? —insistí.

—Seguramente, porque gritó como una gata en celo. Pero bien que le gustó a la hija de puta. La maté, no saben, ¡le rompí el orto en dos mitades!

—¡Qué grande, Manuelito! —exclamó Miguel.

—Un maestro —apuntó Matías—. Che, está sonando un celular.

—Es mío —dije alejándome. Tiene que ser Felipe, pensé.

—¿Qué pasa, por qué te vas? ¿No será la sexópata? —bromeó Matías.

Sin decir nada me metí en el baño y cerré con traba.

—¿Hola? —atendí en voz baja.

—¿Cómo está mi niño? —me saludó Felipe con su voz suavecita.

—¡Hey, qué bueno que llamaste! ¿Cómo estás?

—Bien, con mucho calor, no sabes lo que es Miami, hierve, y yo no prendo el aire acondicionado porque me hace mal, así que imagínate, me estoy asando. ¿Y tú, qué tal, qué me cuentas?

—Nada, bien, estoy en el cumpleaños de Manuel, uno de los chicos del colegio.

—¿Divertido?

—Más o menos, se la pasan hablando de fútbol y de minas, ya me tienen medio podrido.

—Ah, entiendo. Bueno, no te interrumpo entonces, sigue con el cumple.

—No, please, ¡no cortes! Prefiero mil veces hablar con vos que con los chicos, en serio.

—Bueno, ¿y saben de mí?

—No, no saben nada de nada, pero no sé si decirles... Son del colegio de curas, ¿te acordás que te conté? Re conservadores, re machos, no sé si da para largarles toda la verdad, es un garrón.

—En eso no te puedo dar consejos, tienes que hacer lo que creas mejor para ti.

—...

—En tu casa, ¿todo bien?

—Bien, tranquilo. ¿Vos, alguna novedad?

—No, nada importante, ya está por comenzar la nueva temporada del programa acá en Miami.

—¡Qué bueno! Eso no te parece importante, ¡es re grosso!

—¿De dónde sacas esas palabras? No sabes la gracia que me hace oírte hablar así.

—Sorry, no me doy cuenta.

—No, me encanta que hables en porteño. Bueno, lindo, te dejo para que sigas riéndote con tus amigos. ¿Vas a estar bien?

—Sí, pero te extraño, mucho.

—Yo también, yo también. No creas que para mí es fácil. Solo quería decirte que te quiero y que pienso mucho en ti —dijo, y me derritió.

—Gracias, yo también.

—Duerme rico, ¿ya?

—Ya. Me escribís mañana, ¿sí?

—Claro, tontín, cómo no te voy a escribir. Cuídate, besos.

—Chau, besos.

Corté y volví al living.

—¿Por qué tardaste tanto, quién era? —preguntó Manuel.

—Nada, un amigo.

—Vamos, es obvio que era una minita. Dale, contá, no te hagas el misterioso —insistió.

—Dale, boludo ¿qué te haces la estrella?, somos tus amigos, contá, contá —se sumó Miguel.

—¿Quieren saber la verdad? —pregunté nervioso.

—¿Qué te pasa? —intervino Matías, consciente de mi incomodidad.

—Era Felipe Brown, mi novio —dije sin preámbulos—. Nos conocimos hace tres meses, en una entrevista, y creo que estamos enamorados. Me llama todos los días y nos mandamos mails a cada rato. Cuando junte guita, me voy a ir a Miami para que podamos estar juntos. Esa es la verdad. ¿Alguna queja?

Los tres se quedaron mudos. El silencio se hizo eterno. No hubo risas ni gestos de repudio o aprobación. Nada.

—¿Tanto les sorprende? —seguí—. Si quieren dejar de verme, que no los llame más, desterrarme del grupo, ok, los entiendo.

—No, boludo, no digas eso, está todo bien —dijo, por fin, Miguel.

—Yo no tengo drama, me da igual a quién te cojas —se unió Matías.

—Mientras no te metas conmigo, podés hacer lo que quieras —sentenció Manuel.

—Gracias, chicos, no saben lo importante que es para mí contarles esto y que nada cambie.

Silencio general, ninguno de los tres salía de su asombro. Nadie se animó a cambiar de tema, a probar con un chiste, un comentario.

—¿Quieren hacerme alguna pregunta? —dije intentando romper el hielo.

Siguieron callados como tumbas.

—Bueno, los voy a dejar que procesen el asunto, que se rían, que me critiquen y que se hagan a la idea de que tienen un amigo puto —dije para terminar.

Saludé a cada uno con un abrazo, caminé tranquilo hasta la puerta y salí en paz. Me subí al auto, arranqué, puse el disco de Thalía y canté feliz, como una loca orgullosa. "A quién le importa lo que yo haga, a quién le importa lo que yo diga, yo soy así, así seguiré, nunca cambiaré...".

DOCE

—¿Sí?

—Martín, es la representante de Gustavo Cerati, quiere hablar con vos para que le confirmes el horario de la producción del viernes.

—No, Cecilia, decíle que no estoy, que quedamos el viernes a las tres en nuestro estudio.

—Ok.

—Martín, ¿te molesto un segundito?

—Sí, Carolina, decíme.

—Ya tengo la nota de las adolescentes vírgenes, ¿está bien 8.500 caracteres?

—Sí, dejáme que ahora la edito.

—¡Dani! —llamé a uno de los redactores.

—¿Sí, Martín?

—¿Cómo venís con la nota de los punks?

—Ya falta poco.

—Mañana me la tenés que entregar sí o sí, porque el viernes mando todo a imprenta.

—Ok, voy a tratar.

—Tratar las pelotas: si no llegás, me la das así como está y yo la termino. Hace una semana que andás con eso, Mariana me va a matar.

—Está bien, tranquilo.

—Paul, hoy cierro Arte y Tecnología, antes de las siete, ¿sí?

—Sí, solo me faltan un par de fotos y te paso todo junto, ¿puede ser?

—Buenísimo, gracias, Paul.

—¡¡Martín y Fernando, vengan a mi oficina!!

—¡Ya voy, Mariana! —grité desde el escritorio.

—Chicos, el viernes hay que mandar todo a imprenta y estamos súper atrasados. ¿Qué les pasa?

—A mí solo me falta la página de vinos —se defendió Fernando.

—Ok, Fer, cuando termines eso ponéte con el sumario y la lista de colaboradores. Y a vos, Martín, te falta Arte, Tecnología, los Punks, la nota de las vírgenes y el reportaje a la minita de MTV. ¡¡Estás en bolas!!

—No te preocupes, para el viernes tenés todo listo.

—¡Sí, pero yo antes tengo que chequear el material! Después sale todo para el orto, ¿y quién pone la cara con los anunciantes?

—...

—Mirá, Martín, no sé qué te pasa últimamente. Cada vez que paso por tu computadora te estás mandando mails con tu noviecito, y siempre que te pido algo te olvidás. Ponéte media pila, ¿ok? Tu chico será todo lo famosito que quieras, pero acá vos seguís siendo un empleado más, y que eso te quede bien claro. Ahora vuelvan a laburar, que estamos corriendo.

—Ok —dije, mientras salía del despacho pensando: gorda de mierda, me tenés podrido.

—¿Martín?

—Sí, Cecilia.

—Está Lola en recepción, dice que tiene una cita con vos.

—¡Uy! ¡Me olvidé! Sí, decíle que pase a mi escritorio.

—¡¡Hola, corazón!!

—Lola, que alegría verte.

—Qué alegría para mí. ¡Estás hermoso!

—Mirá quién habla, ¡me encanta tu look trash, te queda bárbaro! ¡Y qué buena está esa pulsera con tachas!

—¿Te gusta? Me la regaló una minita que sigue caliente conmigo, pero no entiende que para mí ya fue eso del lesbianismo.

—Bueno, nunca digas nunca.

—Es verdad, pero ahora estoy en una etapa de sexo salvaje, y acostarse con chicas es otra cosa, ¿no te parece?

—Sí, totalmente —dije haciéndome el entendido.

—Mi amor, te traje la columna del mes que viene. Son consejos para practicar el sexo anal.

—Ah, bueno, ¡diste en el clavo! Pero, sorry, ahora no la puedo leer, todavía estoy a mil con el cierre de este mes, y la hinchapelotas de Mariana me acaba de cagar a pedos porque dice que ando muy distraído y bla, bla, bla. ¿Podés creer que le echa la culpa a Felipe? —le dije en secreto.

—De esa gorda aguantada puedo esperar cualquier cosa. ¿Viste cómo se nota que no me soporta?

—Te tiene envidia, darling, porque vos te cogés al tipo que se te antoja y a ella nadie la toca ni con un palo.

—Es verdad, se muere de celos. Bueno, mi vida, veo que estás muy ocupado. ¿Querés que dejemos el almuerzo para otro día?

—¿Estás loca? Cómo te voy a hacer venir hasta acá para cancelarte. Ni hablar. Yo me tomo un break y que la gorda no joda. Si no le gusta, que me eche. A esta altura, a mí me da igual.

—Tenés toda la razón. ¿A dónde me vas a llevar?

—¿Te parece bien Olsen, que nos queda acá a dos cuadras?

—Me parece muy bien.

—¡Cecilia! Vuelvo en una hora. Cualquier cosa me ubicás en el celu.

Fuimos caminando hasta Olsen, el restaurante de cocina nórdica más top de Buenos Aires. Nos sentamos en los sillones del jardín y pedimos el menú del mediodía: sopa fría de remolacha + pollo ahumado con salsa de almendras + papas rotas o ensalada de hojas verdes.

—Bueno, ahora quiero que te pongas cómodo y me cuentes con lujo de detalles cómo va tu romance con el chico de la tele —dijo Lola, mirando de reojo al tipo de la barra.

—¿Viste lo que es el barman? Me mata, te juro que me mata. Pero dicen que no es gay —comenté, resignado.

—En eso te pongo la firma —dijo entre risas.

—¿¡Qué!? ¿Te lo garchaste? —pregunté, sorprendido y envidioso.

—Obvio, me sacó cuatro orgasmos seguidos el hijo de puta, no sabés cómo coge, imagináte ese pedazo de carne en tu cama... ¡te morís!

—No sigas, please, que me hiervo.

—Es verdad, me fui de tema... Ah, me tenías que contar de tu noviecito, así que no vuelvas a cambiar el subject, ¿ok?

—Qué querés que te cuente... está todo bien, me llama todos los días, nos mandamos mails a cada rato... No sabés cuánto lo extraño.

—Se te nota en la cara, mi amor, espero que no te enganches mal. Con esta gente nunca se sabe. ¿Cómo estuvo Chile?

—¡Ah! ¡No te conté! Tuvimos nuestra primera peleíta.

—¡No!

—Sí, fui un boludo, le di con un palo a su programa y le toqué el ego, que al parecer lo tiene muy sensible.

—¡Que no joda! Si a vos el programa te pareció una mierda, está bien que se lo hayas dicho. Mirá, para que una relación funcione lo más importante es la sinceridad, ¿no te parece?

—Supongo.

—¿Y se enojó mal? ¿Qué hizo? La verdad que no me lo imagino violento.

—No, no es para nada violento. Es más, es tan tranquilo que hasta para pelear mantiene el tono bajo.

—¿Pero qué te dijo?

—Boludeces, que yo no tenía derecho a criticar su trabajo, que él lo hacía por plata y bla, bla.

—Bueno, en eso tiene razón, si lo hace por un tema económico está todo bien.

—Supongo...

—Y se reconciliaron, me imagino— dijo, con una papa a punto de entrar en su enorme boca.

—Obvio, le compré una remerita en Zara y le pedí perdón.

—Ay, sos un amor. Y ahí te lo cogiste...

—Más o menos.

—Detalles, querido, detalles.

—Se la chupé.

—¿Y después?

—Y después nos tocamos.

—¿Y qué más?

—Bueno, nada más, ¿qué más querés?

—¿Cómo que qué más quiero? ¿¡Terminaron así, tocándose!?

—Bueno, en todo caso antes de hacer algo más debería leer tu columna sobre consejos para un buen sexo anal.

—¡Ah!, cierto que vos todavía no... —dijo con una expresión confundida—. De parte tuya no me extraña, pero Brown, yo me lo hacía re sexual.

—¿Quién dijo que no es sexual?

—Bueno, si ya llevan como tres meses y todavía no cogieron... me parece que está todo dicho.

—Si no cogimos es porque se supone que yo debería recibir, y la verdad es que no puedo —le expliqué, algo molesto con la situación—. No sé cómo hacerlo, me duele, no encuentro la posición correcta, qué sé yo.

—Chicos, ¿puedo retirar? —interrumpió el camarero, bastante lindo y también bastante afeminado.

—Claro —respondí amablemente.

—Ves, vos te tenés que conseguir una de estas pasivas y todo resuelto —me dijo con voz baja pero segura, como haciendo valer su condición de doctora amor—. Tal vez tu problema no es que no sepas cómo hacerlo, sino que no te gusta recibir, así de simple. Yo tengo un montón de amigos gays que no te entregan el orto ni a palos, y están felices.

—No sé, no tengo idea. No es que no quiera, que no me guste, simplemente no puedo.

—¿Y nunca trataron de que él reciba?

—No.

—Bueno, deberían hablarlo, ¿no te parece? Tal vez a él le encanta recibir y le da vergüenza decírtelo, quién sabe.

—Puede ser... aunque no creo.

—Mirá, yo sé que el sexo anal es difícil, no creas que para las mujeres no es un tema complicado...

—Y vos, ¿qué onda? —la interrumpí, buscando información, instrucciones, una guía del usuario.

—Yo aprendí a disfrutarlo. Hace un par de años tuve un novio que solo quería eso, vivía con la idea fija.

—Y tuviste que probar.

—Claro, pero el problema es que un tipo para estar conmigo debe tener algo importante entre las piernas,

¿me seguís?, y cuando te dan por adelante todo bien, te hacen ver las estrellas, pero para atrás, más que nada las primeras veces, es mejor que la tenga chiquita, finita sobre todo.

—Y el pibe la tenía grande...

—El pibe tenía una morcilla que me partió al medio, no te podés imaginar —suspiró, y se tomó de un trago lo que quedaba de su coca light.

—Entonces, no quisiste saber más nada del tema...

—¿¡Qué no!? Fui a ver a mi sexóloga y le pedí que me asesore. ¿De dónde te creés que saco el material para mis columnas?

—¡Contáme! ¿Qué te dijo? —pregunté, intrigadísimo.

—Que a diferencia de la vagina, el ano es un orificio sin lubricación, un músculo que tiende a cerrarse y que por eso se hace más difícil mantener relaciones por esa vía —dijo, como dando cátedra.

—¿Ves? ¡Por eso a veces odio ser gay! No es justo que la única opción sea coger por "un músculo que tiende a cerrarse", y que cuando te la meten te duele como mierda. ¡Te juro que es un castigo de la naturaleza!

—¡Pará! Dejáme terminar. Ése es el problema, pero no me dejaste seguir con la solución.

—¿Qué solución? La única solución es apretar los dientes y dejar que se te caigan las lágrimas del dolor.

—Veo que el tema te tiene preocupado.

—Ves bien.

—Ok, entonces dejáme seguir. La doctora me dijo que antes de la penetración hay que estimular la zona para que se relaje, que lo peor es estar tenso, porque entonces todo tiende a cerrarse.

—¿A qué te referís con estimular?

—¡Esto parece una clase de reproducción sexual para

estudiantes de primaria! Se ve que te falta calle, querido. Estimular es acariciar, tocar, pasar el dedito... ¿me seguís?

—Te sigo.

—También me dijo que quien recibe tiene que hacer fuerza para afuera, como si estuviera defecando...

—¡Qué asco!

—¡No me interrumpas! Y que antes del acto es conveniente comer algo liviano y, en todo caso, ir al baño.

—¡Eso es una porquería! —dije resignado, y abandoné el postre de chocolate que estaba por la mitad.

—Pará, que me falta el tema lubricación. Supongo que eso lo sabrás, en la farmacia venden lubricantes especiales para relaciones anales que son buenísimos, dejan que todo entre y salga con un efecto similar al fluido vaginal.

—Sí, ya probé con eso, pero fue un fiasco. El dolor lo sentís igual.

—Bueno, corazón, si tu problema es el dolor yo tengo la solución. La doctora me recomendó que pruebe con una crema anestésica para las hemorroides, que te la aplicás cinco minutos antes de la penetración y no sentís nada.

—¿Y probaste?

—Claro, es buenísima. Esa noche dejé que el pibe, con el tremendo pedazo que tenía, me coja por atrás dos veces seguidas.

—¿Y te gustó?

—Me encantó, fue un flash. No tanto por el placer que sentí yo, sino por ver gozar a mi chico como nunca.

—Claro, es más por el placer del otro que por el de uno.

—No, mi amor, no te olvides que ustedes los varoncitos tienen el punto "g" ahí adentro, y que una buena cogida los puede hacer ver las estrellas. Haceme caso, tenés que probar. Mis amigos gays dicen que es lo mejor que les pasó en la vida. Che, creo que está sonando tu celular.

—Sorry, bancá un segundo. ¡No! ¡Es la pesada de Mariana! Esperáme un toque.

—Mariana, ¿todo bien?

—¡Martín! ¿Se puede saber dónde te metiste? ¡Estamos de cierre y vos te vas una hora a almorzar con la arrastrada esa! Y yo... yo ni siquiera pude parar a comerme un sándwich...

—Voy para allá, ¿querés que te compre algo?

—No, ando tan nerviosa que no creo que pueda probar bocado.

—Mirá que estoy al lado de la panadería...

—Bueno, dale, traeme dos de esas medialunas con jamón y queso, y ya que estás compráte una torta para el té, que los chicos deben estar muertos de hambre. ¡Pero apuráte!, que quiero que veamos juntos la pauta.

—Voy, chau.

Colgué. Gorda de mierda, me tenés podrido, pensé.

—Sorry, Lola, me tengo que ir —me disculpé mientras le pagaba al chico afeminado.

—Pará, pará. No voy a dejar que te vayas sin que me cuentes lo más importante —dijo con una sonrisa maliciosa, que dejaba al descubierto el piercing de su lengua.

—Dale, preguntá. ¿Qué querés saber?

—¿Cómo viene tu chico? ¿Small, large o extralarge? A lo mejor te duele porque la tiene muy grande...

—No tengo idea porque no vi muchas. La verdad, no sabría decirte —respondí, algo nervioso.

—Dale, a mí no me vengas con ese cuento. Confesá.

—Lo siento, my darling. Una dama debe saber guardar sus secretos, y lo que me pedís es información estrictamente confidencial, así que olvidáte.

mi amor:

el jueves a medianoche viajo a ver a las niñas. muero por verte. dime una cosa, pero con total franqueza: te gustaría viajar el fin de semana a lima y que nos encontremos allá? el viaje desde buenos aires dura unas cuatro horas, anímate. estaré en un hotel muy bonito, cerca de la casa de las niñas, y me encantaría tenerte en mi cama. qué dices?
te quiero siempre.

qué bueno!!! me encanta la idea de vernos pronto, no sabés la ilusión que me hace! yo feliz de viajar a lima o a donde sea con tal de verte. gracias por la invitación, yo también muero por verte.
te amo.

te hice la reserva en taca. podrías viajar el viernes a las siete de la mañana… o prefieres el sábado a la misma hora? llegarías a lima a las diez de la mañana. en cuanto al regreso, el vuelo sale a las nueve de la noche de lima. prefieres volver el domingo a la noche o el lunes a la noche? yo tomaría el avión a miami el lunes a las seis de la mañana.
besos. te quiero.

gracias por hacerte cargo del pasaje, sabés que en este momento para mí es imposible viajar tanto. creo que lo mejor sería que salga el viernes y vuelva el domingo. ya avisé en la revis que iba a faltar, cosa que Mariana no tomó muy bien porque sabe que voy a verte y se muere de celos.
lo único que me preocupa es que estés ocupado con las nenas y yo te quite ese tiempo tan importante para vos. no sé, solo te pido que no te sientas obligado a nada, ok?
bueno, me alegro tanto de que esté todo arreglado y nos podamos ver en unos días! estoy feliz. besos.

gracias a vos, mi niño precioso. yo también estoy feliz de
que podamos vernos pronto. si tienes que volver el domingo a
la noche, casi mejor que vueles a lima el viernes temprano
para que no sea tan corto el viaje. yo llegaría el viernes a las
seis de la mañana y vos como a las diez u once de la maña-
na. no te preocupes, que estaremos juntos en las noches y
parte del día, y estaré con mis hijas sin descuidarte. besos. te
extraño.

buenísimo!! entonces salgo pasado mañana. ya tengo todo
listo. no sabés las ganas que tengo de abrazarte. cuento los días!!

hey! escribí mi amor pero borré y puse hey! pero en realidad
quería decirte que te amo y que yo también muero por abrazarte,
pero creo que es muy loco que vengas a lima solo dos días porque
tengo que dedicarme a las niñas. igual me da pena. te extraño
tanto. nunca extrañé a nadie como a vos. no dudes eso. pero
tengo miedo de que en lima, solo todo el día en el hotel, te sientas
abandonado. te quiero mucho. besos.

no puedo creer que me cambies de planes a solo unas horas de
viajar. para qué mierda me invitás, si después, a último mo-
mento, te arrepentís? y yo que estaba planeando un futuro viaje
a miami, que estoy sufriendo con el tema de la visa, todo para
que me digas que mejor preferís no verme? no creo que me ames,
que me extrañes y que mueras por abrazarme como decís en tus
mails. si eso fuera verdad, harías todo lo posible para que este-
mos juntos, aunque sea un fin de semana. no tenés idea de lo
mucho que me decepcionaste.
adiós.

mi amor: no me digas adiós. no estés triste. quiero verte pero
no sé qué hacer porque siento que debo estar con mis hijas. te
llamaré enseguida. te quiero. no te pongas así. no seas tan im-

*paciente. no dudes de mi amor por vos. comprende por favor que
las niñas me necesitan. besos.*

*ya está todo dicho. no hace falta que me des más explicaciones. entiendo que debas estar con tus hijas, pero no estoy dispuesto a soportar tus repentinos cambios de opinión. cuando
tengas las cosas mas claras, hablamos.*

*amor mío: acabo de llegar a lima. te extraño. me arrepiento
de no haber sido más audaz. me dio miedo lastimarte. soy un
tonto. perdóname. muero por verte. te extraño. sería tan rico
abrazarte en la cama y dormir con vos. te quiero.*

Viernes a la mañana. Se supone que debería estar arriba de un avión, pero no, estoy sentado en el putomóvil, camino a la revista, odiando al boludo de Felipe y pensando un montón de cosas horribles. Me tiene las bolas llenas. ¿Quién se cree que es este tarado para invitarme y arrepentirse? Encima le dije a todo el mundo que hoy no iba a trabajar porque viajaba a ver a mi chico y acá estoy, yendo a la puta redacción. ¿Y si falto y miento y digo que el viaje estuvo divino? No, no puedo ser tan pendejo. Además, hoy tengo mil cosas para hacer en el laburo, y a la noche es la fiesta de cumpleaños de Juli, la diseñadora, van a estar todos los de la revista y no me pienso quedar encerrado en casa llorando por este forro. ¡No! Voy a decir la verdad, que el boludo se arrepintió y que no pienso volver a verlo. Mejor así, mejor que todo el mundo sepa que estoy libre y me presenten a alguien más interesante, alguien que por lo menos viva en mi ciudad, que no sea tan mentiroso como este peruano charlatán.

Llego a la revis, estaciono el auto, entro y pongo mi mejor cara de feliz cumpleaños. Apenas traspaso la puerta, comienza el bombardeo de preguntas: "¿Qué hacés acá, no te ibas?", "¡Martín! ¿No viajabas a Lima?", "Y el viaje, ¿se suspendió?", "¿Qué pasó, te peleaste con Felipe?".

—Hubo cambio de planes —contesto en seco, y sin decir nada más me instalo en mi escritorio. Suena el celular, atiendo desganado.

—¿Sí?

—Martín, soy Felipe.

—Ah.

—Estoy en el hotel. Solo quería pedirte perdón y decirte que te amo y te extraño y me encantaría que vinieras.

—No, ya está —digo con las primeras lágrimas en los ojos—. Estoy en la revista, así que olvidáte. Entiendo perfectamente que quieras estar con tus hijas, pero eso de "vení, no vengas" no te lo voy a perdonar.

—No digas eso, pues. Entiende que para mí todo esto es muy complicado, pero quiero que vengas, en serio. Yo te amo.

No sé qué contestarle. Ya me pidió perdón, ya me dijo que me amaba, se entregó, dejó de lado el orgullo y hasta me suplicó que fuera. ¿No es eso suficiente? No, que sufra, se lo merece.

—Hagamos una cosa —dice ante mi silencio—. Hay un vuelo en Aerolíneas Argentinas para hoy a las seis de la tarde. Yo ya mandé a comprar el ticket. Si quieres, vas al aeropuerto y en el counter te van a dar tu pasaje. Solo puedo decirte que me hace mucha ilusión que vengas.

—Gracias —alcanzo a decir con la voz entrecortada por el llanto contenido.

—De nada. Haz lo que tengas ganas. Te llamo en unas horas para confirmar que esté todo bien.

—Ok.

—Dime que me quieres.

—Chau —me despedí y corté.

128

—¿A qué hora sale el avión? —preguntó Gonza, mi mejor amigo.

Íbamos camino al aeropuerto. Gonza manejaba porque a mí siempre me da fiaca y a él le fascinan los motores.

—A las seis, así que apuráte, andá lo más rápido que puedas, que tengo que estar dos horas antes para chequear el tema del pasaje.

—¿Qué le dijiste a tu vieja?

—Que me iba el fin de semana a Lima a entrevistar a Felipe Brown, ¿no es gracioso?

—¿¡Vos sos boludo!? ¿Por qué no le inventaste otra cosa?

—No sé, para joder —dije tras una risa exagerada.

—¡Te pegó mal el porrito! Pasámelo, que no me dejaste fumar un carajo.

—Tomá, sorry, no me di cuenta, es que estaba tan nervioso con esto de viajo-no viajo que necesitaba relajarme un poco. Después te dejo guita y comprás otra piedra.

—¡Uy! ¡La cana! —gritó Gonza, aterrado y tiró el porro por la ventana.

—¡No! ¿¡Por qué lo tiraste!? —pregunté sin entender.

—No ves, allá adelante, ¡está la policía parando autos! Si me llegan a agarrar con faso estoy cagado.

—¡Mierda! ¿Y no tenés más?

—Sí, pero en casa. ¡Qué verga! ¡Canas del orto!

—Bueno, mejor, porque si llegaba re loco al aeropuerto era capaz de perder el vuelo. ¡Por ahí, Gonza, mandáte donde está el ramal a Ezeiza!

—Sorry.

Se hizo un silencio. Los dos estábamos un poco volados, cada uno en su mundo.

—¿Creés que hago bien en ir? —retomé la conversación.

—¡Claro! Yo con tal de salir un rato de esta ciudad de mierda me tomo un avión a cualquier lado.

—No, boludo, yo lo decía por el tema de Felipe.

—¿Qué tiene?

—¿Cómo que qué tiene? Que me invitó y después se arrepintió. ¿En qué planeta vivís?

—Ta todo bien, ya te pidió perdón, ya fue, no jodas.

Para Gonza siempre está todo bien. Nunca una objeción, una crítica, ni siquiera un consejo sabio, nada. Por eso lo quiero. Por eso es mi mejor amigo. Por eso nos llevamos tan bien. Con Gonza no hacen falta muchas palabras para entendernos. Basta con llamar a su celular o caminar una cuadra hasta su casa para disfrutar de su compañía. Escuchamos la misma música, miramos los mismos programas, salimos a los mismos lugares, nos vestimos parecido. Gonza no discute, no se altera, es poco sociable, no me contradice, no tiene manías, me escucha siempre, es silencioso, tiene pocos amigos y sabe lo que quiere: pasarla bien. Cuando le dije que estaba saliendo con Diego, mantuvo la calma de siempre y solo me preguntó: "¿Es copado el chabón?", sin hacer ningún tipo de alusión al tema de la homosexualidad. Gonza jamás se atrevería a juzgarme, por eso lo quiero tanto y sé que siempre va a estar ahí, pase lo que pase.

El avión era un asco, un Aerolíneas viejo y chiquito que parecía una lata de sardinas. Empezamos mal, pensé: cuatro horas adentro de esta pocilga maloliente me pueden llegar a matar. Sin dudarlo me tomé enterito el Alplax que le había robado a mamá de su mesa de noche y me desperté casi llegando a Lima la horrible, como le decía Felipe a su ciudad. Y se ve que tenía razón en llamarla así, porque desde que puse un pie en tierra todo me pareció espantoso, gris, viejo, sucio, descuidado.

En el aeropuerto me esperaba un chofer, que se disculpó porque "míster Brown" no había podido llegar a recibirme en persona. Manejó por unas calles horrorosas hasta llegar a la zona más pitucona de Lima, donde se detuvo en la playa de estacionamiento de un Mc Donald's. "Aquí tenemos que esperar al señor Brown", me dijo. Luego de unos eternos veinte minutos, en los que no dejé de pensar que el energúmeno del conductor estaba siguiendo al pie de la letra las instrucciones para mi secuestro, se estacionó a nuestro lado una camioneta gigante, súper lujosa. Por fin, pensé, cuando vi a Felipe a través del vidrio oscuro. Bajé rápido, me metí en la camioneta y lo abracé con ganas. Volví a sentir su olor y su presencia y supe cuánto lo había echado de menos.

Esa noche, muertos de cansancio, comimos algo en el Country Club antes de caer rendidos en la cama.

—Perdóname si te he lastimado con mi cambio de planes —me dijo mientras comía su pollito de siempre.

—Ya está, mejor ni hablemos del tema —contesté, más concentrado en mi plato de papas fritas que en cualquier otra cosa.

—Sí, mejor.

—…

—¿Sabías que este es el hotel en el que intenté matarme? —preguntó, así como si nada.

—¿Acá fue la escena del suicidio que aparece en uno de tus libros? ¡Qué flash! —contesté sorprendido.

—Claro. Bueno, si has leído el libro sabrás cómo fueron las cosas.

—Más o menos, sé que te registraste en una habitación, tomaste un frasco de pastillas y te quedaste esperando a que hicieran efecto. ¿Fue así realmente?

—Sí, más o menos.

—¿Qué edad tenías?

—Veinte.

—¿Y por qué te quisiste matar?

—Porque descubrí que me gustaban los hombres.

—¡Qué horror! Eso hoy, al menos en Buenos Aires, es impensable. Hasta te diría que está de moda ser gay.

—Yo sé.

—¿Y después te hicieron un lavaje de estómago? Mi hermano Ignacio también trató de matarse con pastillas y le hicieron un lavaje.

—A mí, no. Yo dormí tres días seguidos, y listo.

—Increíble.

—Sí, tuve suerte.

—…

—¿Comiste rico?

—Buenísimo.

—Mejor vamos yendo, que no he dormido nada y me arrastro —dijo bostezando, y pagó la cuenta.

Al día siguiente me levanté solo y encontré una nota en la mesa de noche:

Good morning, baby!
Me voy temprano porque las niñas me pidieron que las ayude con su fiesta de Halloween. Hoy será un día agitado. Lamento no poder estar aquí contigo. Aprovecha para leer, descansar y disfrutar del hotel. Te llamo más tarde.
Besos. Gracias por venir.

El día se perfilaba largo. Los alrededores del hotel eran básicamente un campo de golf y la diversión brillaba por su ausencia. El hotel era lindo, cómodo, pero aburrido. Pasé el día entero dando vueltas en ese único ambiente, que al cabo de unas horas empezaba a parecerme una cárcel. Felipe llamaba cada hora y se ocupaba de que no me faltara nada. Se lo notaba algo inquieto por tenerme ahí preso, por no poder atenderme, y por controlar la fiesta de Halloween de sus hijas y complacer las exigencias de Zoe.

A las nueve de la noche llegó exhausto y pidió room service para los dos. Me contó, desganado, los detalles de su día agotador y dijo que le dolía mucho la cabeza. Se lo notaba molesto y se quejaba por todo como un viejo malhumorado.

—¿Qué te pasa? ¿Estás enojado? ¿Hice algo mal?

—No, pero estoy extenuado —dijo, y tomó un par de Tylenols.

—Bueno, tratá de dormir temprano.

—Como si fuera tan fácil…

—…

—No quiero que te hagas ilusiones conmigo —dijo después de unos incómodos minutos de silencio, con una actitud agresiva que me resultaba incomprensible—. Yo estoy muy loco como para mantener una relación estable. A duras penas puedo conmigo mismo.

—¿Qué? —dije, sin poder creer lo que estaba escuchando—. ¿De qué estás hablando? ¿Qué bicho te picó? ¿Yo te hice algún reclamo?

—No, pero quiero que tengas bien claro este punto —insistió, con una voz fría, distante—. Yo ya tengo demasiadas responsabilidades con Zoe y mis hijas y no estoy para ocuparme de otra persona más.

—No sé qué me querés insinuar con eso… —dije con un dolor opresivo en el pecho, ese dolor que produce la angustia cuando se instala en el corazón.

—Que ni se te pase por la cabeza que podamos llegar a ser una pareja de gays felices que salen a patinar por las calles de Miami —siguió, con una mirada cínica—. Eso, jamás. A mí me gusta estar solo y me costó mucho conseguir eso. Separarme de Zoe, vivir lejos de mis hijas... es todo muy difícil, no creo que lo puedas entender.

Me quedé callado, sin vida. No tuve fuerzas para insultarlo, para decirle que era un hijo de puta, que estuve todo el día en ese hotel de mierda solo para esperarlo, que me tomé un avión pulgoso con la única intención de verlo al menos unas horas, que pensé que lo amaba y que me acaba de clavar un puñal en la espalda. Lloré desconsolado. Sus palabras retumbaban en mi cabeza provocándome un dolor intenso que bajaba hasta el corazón. Al verme en ese estado lamentable, Felipe no supo cómo reaccionar. Su sensación de culpa fue tan grande que lo hizo derramar algunas lágrimas, para después intentar explicarme que le tenía miedo al compromiso, que me había dicho esas cosas horribles porque me quería y no soportaba la idea de lastimarme con promesas mentirosas, que esa era la verdad, que se sentía abrumado por las presiones de Zoe, que no era fácil tener dos hijas y vivir lejos de ellas, que las nenas eran lo más importante en su vida y que lo perdonase, que por favor lo perdonase.

Nos quedamos acostados en esa cama llena de lágrimas. Entonces todo se tornó confuso. ¿Quién era víctima y quién victimario luego de tan dramáticas confesiones? Sentí lástima por él, y en vez de odiarlo por lo que me acababa de decir, lo amé aún más. Quise protegerlo, hacerle saber que yo no era una responsabilidad más en su vida, que no estaba obsesionado con él, que no pretendía ser su novio ni instalarme en su casa de Miami, que entendía perfectamente el amor que sentía por sus hijas y que si las cosas eran así, yo estaba dispuesto a aceptarlas. Pensé muchas cosas, pero no dije nada. Simplemente comencé a besarlo y a secarle las lágrimas con mis manos. Volvió a pedirme perdón. Me mantuve en silencio. Me miró a los ojos y respondió a mis besos, esta vez con mayor intensidad, lamiéndome el cuello y el pecho. Luego me dio vuelta con violencia, acarició mi espalda, me dijo al oído que me amaba, me sacó la remera y el pantalón y me preguntó si lo quería. Le dije que lo amaba, me saqué lo poco que quedaba de ropa y le pedí que me hiciera el amor. Tenso, asustado, permanecí boca abajo, esperé unos segundos eternos, me acomodé y sentí su saliva, sus dedos, su coso queriendo entrar, hundiéndose en mí. Me atacó un dolor del carajo que no conocía, pero a la vez un placer extraño, y me entregué sumiso, él sujetándome con violencia y yo aguantando el dolor, pero también gozando de ese momento tan largamente esperado: él cogiéndome, haciéndome suyo y finalmente sus gemidos, sus palabras de amor, su cuerpo reposando sobre mi espalda, la misma espalda que un rato antes había apuñalado.

"Run, as fast as I can, to the middle of nowhere, to the middle of my frustrated fears, and I swear, you are just like a pill, that making me better, keep making me ill, keep making me ill".

Ese sábado de octubre, casi noviembre, Felipe estaba lejos, en Miami, a ocho horas de avión de Buenos Aires, a 700 dólares de casa. Era una de esas tardes en las que odiaba al mundo entero, incluyendo a los pajaritos que cantaban alegremente anunciando la llegada del verano, y a mi sobrinita de un año que me tiraba besitos desde su cuna. Todos estaban en mi lista negra. Y cuando digo que odiaba al mundo, hablo literalmente. Nadie estaba a salvo. Incluso Felipe, que hace una semana me despidió con abrazos y palabras de amor en el hotel de Lima y me sigue llamando todos los días solo para saber cómo estoy. Esa tarde también maldije el momento en que lo conocí. "You are just like a pill", cantaba a coro con Pink, y le gritaba furiosamente a él, mi maldita píldora, una droga que muchas veces quería dejar y nunca podía. Ese sábado hubiera preferido no extrañarlo, que la obsesión fuera más leve, no depender de ella. Pero la abstinencia forzada hacía más grande mi adicción. Solo quería hundirme en el fucking San Isidro y aparecer en

Miami, en la cama de Felipe, y quedarme ahí para siempre. Canté con rabia, golpeé las paredes, lloré por no saber cuándo volvería a verlo. Era un día de esos, ya iba a pasar.

—Martín, ¿tenés todo listo? —irrumpió mamá en mi cuarto, cortando violentamente aquella escena solitaria de puto triste—. Bajá esa música, ¿querés?

—¿Qué pasa? ¿Qué querés? ¿Cuántas veces te he dicho que golpees la puerta antes de entrar? —le grité histérico.

—En quince minutos salimos para la iglesia.

—¿De qué hablás?

—¿Cómo de qué hablo? Hoy es el casamiento de tu primo Junior, ¿preparaste el traje? —preguntó mientras se arreglaba el maquillaje.

—¿No era el sábado que viene?

—No, ¡es hoy! ¿Qué tenés en la cabeza? Apuráte que quiero conseguir un buen lugar.

—Yo solo estoy interesado en conseguir un buen lugar en el recital de Madonna —dije riéndome de mí mismo.

Obviamente, mamá no entendió la relación entre las alusiones a la diva del pop y mi cuestionada sexualidad.

—¡No te hagas el gracioso y vestite, que se hace tarde! —insistió.

—No, yo no voy.

—¿Cómo no vas a ir al casamiento de tu primo? ¡Hace meses que venimos hablando de esto! ¿En qué planeta vivís?

—Ya te dije mil veces que, para mí, Junior es un boludo, un garca que se cree el rey del universo porque está cagado en guita. No pienso ir a su fiestecita en el Alvear para que me refriegue su fortuna, ni estoy dispuesto a bancarme a esos agrandados del orto que son sus amigos. Yo paso.

137

—¿De dónde sacás esas palabras? Se ve que tenés mucho odio acumulado... o envidia, eso, ¡envidia!

—No me hinches las pelotas, mamá.

—¡No me hables así, guarango!

—Te hablo como se me canta...

—Está bien, no te molesto más. Solo quiero que sepas una cosa: tu abuela no soportaría ver a la familia separada, así que hacélo por ella, por su salud.

—¿Qué tiene que ver su salud? —pregunté riéndome de semejante boludez.

—Mamá es una persona muy frágil, y a esta altura lo único que le importa es vernos juntos. ¿Te parece bien darle un disgusto solo por tus caprichitos de adolescente conflictuado?

—Ok, pará con la novelita. Y ya tengo veinticuatro años, así que no sé de qué adolescencia me hablás. Vayan ustedes a la iglesia y yo los encuentro en el Alvear. ¿A qué hora es la fiesta?

—A las nueve. ¿Pero te vas a perder la misa, el altar? —preguntó indignada.

—¿La parte más mierdosa, querés decir?

—¡Sos un mocoso insolente!

—Ok, bajá los humos, y agradecé que voy a la fiesta, porque si seguís jodiendo, ni eso. ¿Estamos?

—No llegues tarde, que tenés que estar para la foto —dijo dando un portazo.

A las nueve y media entré por la suntuosa puerta del hotel Presidente Alvear. Me sentí súper high al verme tan elegante frente el espejo del ascensor, y luego caminando por esos salones. Pero basta de mentiras: estaba ahí porque solo tenía un primo high. Yo, a lo sumo, me casaré con algún chico lindo en uno de esos hotelitos kitsch de Las Vegas, y eso si tengo mucha suerte, si la vida me sonríe. Nada de alveares ni de aristocracia porteña, solo podría participar de ese pedacito de orden social y felicidad familiar interpretando el papel de primo puto al que hay que invitar porque no queda otra. Llegué tarde, es decir, media hora después de lo pactado con mamá. Me apuré en buscar el salón correspondiente. Cuando lo encontré, noté poco movimiento en la entrada y supuse que me había equivocado de coordenadas. Pero no, todo indicaba que la fiesta era ahí mismo, a unos pasos de donde estaba parado con expresión de turista japonés. Decidí entrar, aunque había pocas luces y solo unos murmullos de fondo. Me encontré con los novios, nerviosos, de la mano, esperando tras un inmenso telón. En ese mismo instante, y antes de que pudiera intuir lo que estaba pasando, se abrieron las cortinas y sonó bien fuerte una canción de Frank Sinatra. Se prendieron las luces, empezaron los flashes, las cámaras, y todas las miradas se concentraron en la entrada triunfal de los novios. Y yo, ahí atrás, con mi mejor cara de boludo y todo el mundo mirándome. Salí de escena, escondido, avergonzado, y busqué mi mesa. Ahí estaban mamá, papá, mi hermana mayor, Josefina, y su novio, mi hermano Ignacio y su mujer, mi otra hermana, Florencia, y su novio, el rugbier, y mi hermanito Javier. Ante semejante foto familiar me sentí mal por saber que no pertenecía a ese mundo, por no poder tener a mi lado a María o a Victoria vestidas de largo, peinadas, maquilladas y producidas como todas esas chicas bien que se multiplicaban en aquel salón de fiestas.

La conversación tenía pocas posibilidades de ser interesante porque los que estábamos ahí sentados nos veíamos la cara todos los fucking days. ¿De qué se podía hablar?

—¿Qué les pareció el vestido de la novia? —preguntó mamá en voz baja.

—Espectacular, es de Laurencio Adot —respondió enseguida Florencia.

—¡Sí, pero el escote es un desastre! —intervino la mujer de Ignacio.

—Pasa que ella no tiene nada, debería ponerse un poquito aunque sea —opinó Josefina con las manos en el pecho.

—¿Pero estás loca? —dijo mamá—. ¿Cómo se va a operar? Si es chata, que se conforme con lo que le tocó. Para mí es mejor, mucho más elegante. Además, si se pone lolas va a quedar como una de esas vedettes ordinarias que aparecen en la televisión, ¡un asco!

—Bueno, no exageres. En todo caso se puede poner un poquito y listo, nadie se da cuenta —intervine, solo para decir algo.

—¿¡Y vos qué sabés!? No te metas en conversaciones de mujeres, querés —dijo mamá levantando su dedo acusador.

No contesté. Mejor me callo, pensé, y me tomé de una vez la primera copa de champagne.

Las mujeres siguieron hablando de los vestidos de las demás y los varones iniciaron su habitual charla de rugby. No me interesaba ninguna de las dos conversaciones, así que me dediqué a comer, a tomar y, sobre todo, a observar los alrededores.

Miré a mi tío y a sus amigos, vistiendo impecables jaqués, fumando habanos, tomando whisky y hablando de negocios. A mi abuela, exhibiendo sus joyas y refregando a sus amigas la perfecta y numerosa familia que supo construir. A los novios, saludando hasta el cansancio a los 400 invitados que se acercaban a felicitarlos. A las chicas, todas un poquito boludas pero divinas, y a los chicos, todos bastante imbéciles y arrogantes pero interesantes si mantenían la boca cerrada y se desabrochaban un poco la camisa.

Ése era el escenario. Yo tomaba y tomaba champagne, una copa tras otra, absolutamente decidido a ponerme en pedo y rajar cuanto antes de ese lugar que me resultaba tan ajeno. Cuando terminamos el postre largaron la música y todos corrieron con sus novias o esposas a bailar el puto vals. Mi primita de quince años estaba sola, como yo, y me arrastró a la pista sabiendo que era su último recurso para no quedarse sentada planchando como el loser de su primo. El alcohol ya me había empezado a hacer efecto, la timidez cedía y todo se volvía más confuso. Bailamos el vals y después vinieron los clásicos de los ochenta y yo, feliz, hecho una loca borracha, haciendo pasitos al ritmo de "Like a virgin" de Madonna. "Will be toghether again, I' ll be waiting for a long time", canté con los chicos de Erasure el clásico de toda fiesta que se precie de serlo, y me acordé de Felipe, de lo mucho que me gustaría que volviéramos a estar juntos otra vez. Terminé sacando a bailar a mamá y a mis hermanas. Todo el mundo dice que el alcohol es destructivo, que te conviertes en otra persona, pero nunca pensé que sería para tanto, que podría llegar a colocarme como protagonista de esa escena tan grotesca. Tenía un pedo astral, de esos que desinhiben la conciencia y sacan a relucir lo peor de uno, o en todo caso lo que uno no está dispuesto a mostrar. ¿Será eso lo peor? No importa, la cosa es que me rendí a los placeres festivos y el resentimiento del principio quedó en el olvido. Cuando vinieron los temas de cumbia y se largó la mesa de postres, corrí por una torta de chocolate y me senté en una mesa cualquiera. Ahí estaban Marco y Esteban, dos primos lejanos a los que veía cada muerte de obispo. Marco tenía treinta y cinco años, era soltero y un mujeriego incurable. Siempre me gustó mucho, debo reconocerlo. Tenía ojos celestes, una cara perfecta y el típico cuerpecito de rugbier. Me mataba.

—¡Martincito! ¡Tanto tiempo! —dijo cuando me vio en su mesa.

141

—¡Marco! ¿Cómo estás? —lo saludé entre abrazos efusivos potenciados por la calentura y el alcohol.

—Ahí andamos, tirando. ¿Cómo va el periodismo?

—Bien, tranquilo. ¿Seguís de novio? —pregunté, bien puto.

—No, eso no es para mí. Estoy solito y feliz. ¿Y vos? Me enteré que estabas saliendo con una cantante, ¿la hija de Larreta puede ser?

—Sí, pero no, ya fue.

—¡Bienvenido al club de los solteros, entonces! —gritó dándome palmadas en la espalda.

—No, no estoy soltero —dije bien borracho, mirándolo a los ojos, buscando quién sabe qué—. Tengo novio.

—… ¿Cómo?

—Que tengo novio —repetí.

—¿En serio me decís? —preguntó nervioso, con la cara desencajada.

—Sí, es escritor, vive en Miami.

—¡No, tu viejo se muere! —dijo llevándose las manos a la cara.

—Y bueno… ¿qué querés que haga?

—No sé, mirá lo que es esta fiesta, nuestra familia es bastante tradicional, ¿viste?

—Puede ser —dije resignado.

—Pero conmigo todo bien, a mí los putos me parecen copados, mientras no se metan conmigo.

Yo me re metería con vos, sos el tipo con el que más ganas tengo de meterme, pensé, sin perderle la mirada, sin darle un respiro.

—Y decime una cosa, ¿hay amor entre dos tipos, digo, es como con las minas, o solo les interesa coger? —preguntó, tan borracho como yo.

—Sí, es todo igual, supongo. Yo a mi novio lo extraño, ¡no sabés cómo lo extraño!

—¿Y vos, nunca probaste? —me lancé más puto que nunca.

—¿Cómo?

—Digo, con un tipo, ¿nunca te dio curiosidad? —dije, con mi mano acariciándole la pierna.

—¡Qué hacés, pendejo, no te equivoques! —dijo empujándome, como si mi cuerpo le diera asco.

—Sorry, estoy muy borracho, no quise...

Antes de intentar una disculpa, salí corriendo de esa mesa. No podía creer lo que acababa de hacer. El alcohol me saca, no puedo tomar, no voy a tomar más, nunca más, pensé arrepentido mientras caminaba hacia la salida. Entre el tumulto de gente me detuvo mi otra prima, no la quinceañera, sino la hermana del novio, un año más joven que yo. Estaba con su grupito de amigas top de San Isidro, todas borrachas. Me encerraron en una ronda y empezaron a cantar como porristas en celo "dame la P, dame la O", hasta formar "POTRO" y tocarme el culo una por una, como queriendo afirmar su estatus de chicas modernas. "Ahora me toca a mí", dije todavía contrariado por el episodio con Marco, que en todo caso era el que merecía que lo llamasen potro, mi potro, un potrazo. "Dame la P", les grité al oído tratando de que me escuchasen a pesar de la música que me reventaba los tímpanos. "Te doy la P", respondieron a coro las cinco boluditas, incluida mi prima, y yo "dame la U", y ellas "te doy la U", y otra vez yo "dame la T", y ellas, ahora confundidas y menos eufóricas "te doy la T", y yo, con todo el cinismo que pude, "dame la O, ¡PUTO!". Las chicas se rieron, divertidas por la confesión, y cuando procesaron la noticia me abrazaron y me dijeron: "¡Qué desperdicio!". Mi prima, seria pero resignada, sentenció: "Siempre lo supe", y yo, arrepentido, solo alcancé a decir: "No se lo digas a nadie", y corrí a buscar el auto. La fiesta, para mí, había terminado.

CATORCE

—¡Me voy a Miami!

—¿Cómo así?

—¡Sí, Felipe, me voy a Miami! —repetí excitadísimo en el teléfono—. Viaje de trabajo, me manda la revista.

—¡Qué bueno, mi amor, te felicito! ¿Cuándo vienes?

—Salgo el 15 de noviembre, en unas dos semanas. En realidad, la revista no me manda a Miami, sino a Honduras, ¿no es rarísimo? La Secretaría de Turismo de Honduras invitó a varios medios argentinos para promocionar el país, o algo así, no sé, da igual. Lo importante es que para ir a Honduras tengo que pasar sí o sí por Miami para cambiar de avión —le expliqué, todavía acelerado.

—Qué bueno, no sabes lo feliz que me haces con esta noticia. ¿Y cuánto tiempo piensas quedarte?

—Voy a tratar de estar una semana en Miami. Tengo que pedir permiso en la revis porque supuestamente solo tenía que hacer escala y seguir para Honduras, pero la idea es cambiar el pasaje y a la vuelta quedarme una semanita con vos, si te parece.

—Claro que me parece, tontín, me hace mucha ilusión que vengas a mi casa.

—El único tema es la visa, está re difícil sacarla, pero como voy por la revis supongo que me darán la de periodista sin problema, ¿no te parece?

144

—Sí, a ti te la van a dar, no te preocupes... Mi amor, no sabes la buena noticia que me has dado.

—¿Seguro?

—Ay, claro, estoy muy orgulloso de ti.

—Gracias, no es para tanto...

—Sí, lo es. ¿Qué más me cuentas?

—Que te extraño mucho, cada día más. ¿Vos, no?

—Yo también, yo también. No creas que para mí es fácil tenerte tan lejos, lo que pasa es que soy más viejo y estoy acostumbrado, pero claro que te extraño, no sabes cuánto.

No, la verdad que no sé, pensé, si me extrañaras tanto, no estaríamos tan lejos y no sería yo el que tiene que armar un viaje, sacar la visa y hacer diez millones de trámites para verte una puta semana, solo eso, una semanita. Me tragué las palabras.

—Tengo muchas ganas de abrazarte —alcancé a decir.

—Lindo, eres tan amoroso. ¿Quién te quiere más que nadie?

—Felipito, mi Felipito. Yo también te quiero.

—Yo sé, mi amor, yo sé. Bueno, te dejo porque tengo que ir a la tele.

—¿Cómo va el programa?

—Bien, todo bien. Te mando muchos besos. ¿Vas a estar bien?

—Sí, besos.

—Estoy feliz de que vengas, te felicito.

—Gracias, yo también, chau.

—Chau, mi amor.

Corté y me quedé tirado en la cama, feliz de pensar en lo que me esperaba. No podía creer que en dos semanas dejaba esa rutina y me tomaba un avión para irme a la mierda. Iba a estar tirado en una playa de Honduras, en pleno Caribe, sin hacer nada, o haciéndome el que trabajaba, que es lo mismo. Iba a conocer las ruinas mayas y después a Miami, a ver a Felipe. Moría por ir a Miami, siempre estuve a punto y nunca se dio. Mañana tenía que llamar a la Embajada por el tema de la visa. Ay, please, Dios, pensaba, no me cagues con la visa que yo a Felipe lo amo en serio. ¿No merezco estar con él aunque sea una semanita? ¿Es mucho pedir? Si mi hermana está todo el día chuponeándose con el nabo de su novio, ¿por qué yo estoy tan lejos del mío?

Domingo a la tarde. Primavera a full en Buenos Aires. Las calles de San Isidro se llenan de "Shinny happy people", como dice mi adorado Michael Stipe, el pelado de REM que se merece toda mi admiración porque canta y baila como nadie y siempre anda diciendo que es bisexual y que se enamora del alma de las personas y no de sus cuerpos, o algo así que suena re cool y es una manera muy glamorosa de decir que uno es puto. En fin, como decía, todo el mundo sale brillante y feliz a disfrutar del sol o se queda en los jardines de las súper casas que rodean la mía o va al CASI (Club Atlético San Isidro) a ver el partido de rugby o a jugar tenis o a chusmear y no mover el culo de la silla, el deporte preferido de mamá. En casa no hay nadie. Todos están haciendo lo que acabo de describir, menos yo, que no soy ni brillante ni feliz ni miro rugby ni juego tenis ni tengo amigos en el CASI para ir a chusmear, porque no encajo en ese ambiente. Yo estoy solo en casa, leyendo, extrañando a Felipe, mirando una tras otra las series de Sony en el cuarto de mamá, chequeando mails cada hora para ver si me escribió mi novio desde Miami, escuchando los discos de mis divas pop, contando los días para viajar.

Suena el celular. Mala suerte, no es Felipe.

—¿Hola? —contesto desganado.

—¡¡¡Martín!!!

—¡Vic! ¿Qué haces?

—¿¡Hooolaaaa, cómo estáaaas!? —pregunta ella con la misma euforia de siempre.

—Bien, tranquilo, ¿vos?

—Re bien, ¡tengo nuevo novio!

—Qué bueno, te...

—Pará, pará, ¿estás en tu casa?

—Sí, ¿por?

—Salí en cinco y vamos a tomar algo, que yo también ando por San Isidro.

—Listo.

Corrí a ponerme las bermudas azules de Bensimon y una remerita blanca de Levi's, un look bien marinerito, niño bonito. Cuando salí, Vic me esperaba en la puerta con su Beetle verde manzana descapotable, una nueva maravilla de la mecánica moderna, ideal para un chico como yo, una versión más sofisticada de mi modesto y económico putomóvil. Fuimos a uno de esos bares top del río, que los domingos se llenan de grasas que no viven en San Isidro pero que manejan una hora para, al menos en su día de descanso, creer que pertenecen a ese lugar. Nos sentamos frente al río y pedimos un par de licuados. El día estaba divino.

—¿Viste que me dieron la visa? —empecé a hablar de mí, como siempre.

—¡Bien! ¿Entonces te vas?

—Claro, salgo este viernes a la noche —respondí orgulloso.

—¿Directo a Honduras?

—No, es un garrón, tengo que volar a Miami, esperar seis horas, y después enganchar el vuelo para Tegucigalpa.

—¿Pero entonces vas a estar solo unas horas en Miami?

—No, me quedo una semana laburando en Honduras y después vuelvo cinco días solo para estar con Felipe. ¡Pará! Antes de que me olvide, ¿cómo es eso de tu nuevo chico? —pregunté, obligándome a ser un poco menos egocéntrico.

—Ay, no sabés, estoy a full. Es el guitarrista de mi banda... Pero no, después te cuento lo mío, empezá vos, que lo tuyo es más importante. ¿Cómo te fue en Lima?

—Digamos que con altibajos.

—¿Qué? Sí, ya me acuerdo, te peleaste con Felipe. Algo me contaste por mail.

—¿Sabés qué me dijo? Que él estaba muy loco para comprometerse, que tenía muchas responsabilidades, que no quería un novio, que no me haga ilusiones, que lo primero son sus hijas, que la ex mujer lo tiene loco...

—¡Para! ¿Qué onda ese pibe? ¿Está mal de la cabeza? ¿Y todo esto te lo dijo allá, cuando vos viajaste solo para verlo? Me imagino que lo habrás mandado a la mierda.

—Pará que te termine de contar...

—Ah, seguro que lo perdonaste. Mirá, yo con mi ex siempre hacía lo mismo, él me decía cosas horribles y yo, como una boluda, lo terminaba perdonando. Era una relación enfermiza, me tenía súper dominada...

—¿Me vas a dejar que te cuente?

—Ok, sorry, seguí.

—Me dijo todo eso. Un hijo de puta, es verdad. Pero fue una explosión: la ex le tenía las bolas hinchadas, no había dormido un carajo, venía de tomarse veinte aviones... A él eso lo deja de cama, siempre tiene miedo de resfriarse, de enfermarse...

—Eso no justifica nada.

—No, pará, dejáme seguir. Después de eso me puse a llorar, y él también, y me pidió perdón, me explicó que me había dicho cosas porque me quería y no era su intención lastimarme. No sabés lo que fue verlo así...

—¿Así cómo?

—No sé, tan entregado, tan amoroso... Eso me dio una ternura que me partió. Entonces empezamos a besarnos, cada vez más, y pasó lo que tenía que haber pasado hace rato.

—¿Qué?

—Bueno, es obvio, ¿hace falta que entre en detalles? Me da un poco de vergüenza.

—¿Qué pasó? ¿Cogieron? ¿Eso es lo que te da vergüenza?

—No, bueno, sí, me la metió... Para los hombres, o al menos para mí, no es algo tan fácil. En realidad, era la primera vez que me la metían.

—¿Mirá vos? —preguntó sorprendida—. Yo pensé que los gays eran más rápidos, que cogían al toque.

—Bueno, no sé, hablás como si todos los putos fuéramos iguales.

—Sorry, tenés razón. Entonces, terminaron cogiendo. ¿Te gustó?

—Más o menos, la verdad que es un quilombo todo el operativo. Y duele, al principio no sabés cómo duele, pero después pasa y una vez que está adentro se siente una especie de intensidad muy loca que... no sé, está buena.

—¿A qué te referís con todo "el operativo"?

—A las posiciones, las cremas, los lubricantes...

—Ah —dijo sin poder evitar una leve expresión de incomodidad—. Me imagino que habrás usado forro...

—No daba, fue todo muy rápido, una especie de violación te diría. Pero con mi consentimiento, obvio.

—¡No te puedo creer que no usaste forro! —dijo aterrada.

—Bueno, hay confianza, no lo acabo de conocer...

—¿¡Confianza!? —interrumpió, indignada—. ¡Andá

a saber con quién se acostó ese tipo! ¿No me contaste que la noche anterior a conocerte se había garchado a una "equis" que apenas conocía?

—Sí —respondí con una mezcla de duda y temor.

—Y eso de los resfríos, que se está cuidando todo el tiempo para no enfermarse... ¡Eso es típico de una persona que tiene sida! —la última palabra no llegó a pronunciarla, solo alcanzó a mover los labios como si le estuviera hablando a un sordo.

—¡Bueno, calmáte! Te estás zarpando, yo sé muy bien lo que hago.

—Me pongo mal porque te quiero y me preocupo por vos, nene. Prometéme que nunca más vas a hacer una cosa así —dijo mirándome a los ojos, con una expresión grave.

—Tenés razón, prometido.

—Y que te vas a hacer los análisis para quedarte tranquilo.

—Ok, listo —dije solo para que se calmase—. ¿Podemos cambiar de tema? Contáme de tu chico, please.

Vic habló y habló de su bendito guitarrista, pero yo dejé de escucharla. Solo podía pensar en la desesperante posibilidad de estar enfermo y no saberlo.

QUINCE

Llegué a Miami un sábado a las ocho de la mañana, muerto de cansancio, calor, hambre y sueño. El fotógrafo y la productora que viajaron conmigo decidieron aprovechar las seis horas de espera para salir a dar una vuelta a donde fuera, cualquier cosa con tal de permanecer el menor tiempo posible en el aeropuerto. Yo estaba feliz de no ir con ellos, de saber que Felipe me estaría esperando del otro lado de los controles de inmigración y aduana para vernos, aunque sea unas horitas como habíamos quedado. Mis compañeros se fueron corriendo a tomar un taxi. Yo busqué a Felipe, a un chofer con mi nombre, a alguien que me dijera: "¿Usted es Martín Alcorta, el amigo del señor Brown?", pero nada. Estaba solo, en un aeropuerto que no conocía, en una ciudad que nunca había visitado, desilusionado porque mi chico no estaba ahí esperándome como me había prometido. Di un par de vueltas, me asomé a todas las puertas posibles, esperé media hora parado con mi valijita, pero no, no estaba. Lo odié, aunque entendí que era muy temprano, que a esa hora estaba durmiendo y que tal vez se le había hecho un poco tarde, pero llegaría en cualquier momento. Lo tengo que llamar, pensé, seguro se quedó dormido. Me acerqué a un teléfono público que funcionaba con monedas y yo solo tenía billetes de 20. Me senté en una cafetería olorosa que despedía grasa por las paredes, llena de gordos yanquis comiendo huevos revueltos con bacon, donuts y salchichas a las ocho de la mañana. Sentí ganas de vomitar. Pedí un capuccino y un croissant con la única esperanza de que me diesen monedas para llamar a Felipe. El cambio fue en billetes.

—Do you have some coins, please? —le pedí con mi vocecita más amable a la cajera (un clon de Queen Latifa), que me miraba con cara de pocos amigos. No dijo nada, mantuvo la cara de orto, agarró el dólar de mi mano y me lo cambió por cuatro monedas de 25 centavos que sacó del vaso de las propinas. "Thanks", le dije y caminé hasta el teléfono tratando de no derramar el café.

—Felipe Brown. Please, leave a message after the tone —dijo la maldita grabadora.

—Felipe, soy yo, Martín, estoy acá, en el aeropuerto de Miami. Ya son casi las nueve… bueno, me voy a quedar, si podés vení.

Si no viene, mala suerte, pensé, pero todavía me quedaban más de cinco horas de espera. Finalmente no hice nada. Nada importante, quiero decir, nada como tomarme un taxi a la casa de Felipe, pasar unas horas en la playa o irme a un shopping. ¿Cómo iba a salir del aeropuerto con mi valija grandota, sin saber a dónde ir, corriendo el riesgo de perder el vuelo a Honduras? No, ni hablar. Me quedé caminando de un lado a otro entre tiendas y cafeterías. Por suerte, encontré una librería llena de revistas y me acomodé feliz a leer *Vogue*, *Vanity Fair*, *In Style*, *GQ* y *Rolling Stone*. Un paraíso, ¿qué más podía pedir?

Mientras mi cabeza puteaba a Felipe una y otra vez, me encontré con su foto en la tapa de *Mira*, un pasquín chismoso de cuarta, hecho para hispanos semi analfabetos, que decía: "Felipe Brown niega su relación con el actor

Sebastián Álvarez". Cómo puede caer tan bajo, pensé, y lo odié un poquito más. Mientras leía esa nota basura, escuché mi nombre en el altoparlante, pedían que me presentase de inmediato en información. Agarré el carrito con la valija y corrí lo más rápido que pude. Finalmente llegué: ahí estaba él, con su campera de cuero negra, anteojos oscuros y una cara de cansado que se le notaba a diez metros. Lo abracé y sentí su perfume.

—Mi amor, perdóname por llegar tarde —me dijo al oído.

—No, todo bien, perdonáme vos por hacerte venir a esta hora —dije todo suavecito, dejando atrás la fiera que hace un instante lo estaba maldiciendo.

—Lo siento, escuché tu mensaje y me preocupé, vine lo más rápido que pude. ¿Cómo estás? ¿Qué tal el vuelo?

—Bien, un poco cansado como verás, pero bien, feliz de verte —dije conteniendo las ganas de besarlo.

—Yo también, lindo. ¿Qué quieres hacer? ¿Cuánto tiempo tienes?

—Cuatro horas —dije mirando el reloj.

Se quedó pensando.

—Ya sé, aquí en el aeropuerto hay un hotelito. Podemos ir a echarnos un rato, ¿te parece?

—Dale, que estoy muerto.

De nuevo la incomodidad de pedir un cuarto matrimonial. Otra vez las miradas, los comentarios del personal que saludaba a Felipe por haberlo visto en la tele y se preguntaba quién era yo, de dónde había salido. Subimos a la habitación, que parecía un telo de la Panamericana, un motel de mala muerte, con las paredes color rosa pastel y las cortinas y el cubrecamas estampados con miles de florcitas rococó. Pero la decoración era lo de menos. Nos besamos con pasión, como en cada reencuentro. Previo paso por la ducha, nos acostamos a disfrutar de una siesta erótica que solo incluyó blow jobs, lots of hugs and many kisses.

—¿No te preocupó que no hayamos usado protección en Lima? —le pregunté una vez finalizada la acción.

Felipe se quedó pensando su respuesta.

—No, a mí no, ¿a ti?

—Bueno, en el momento no, pero después sí.

—Yo renové mi seguro médico hace unos meses, justo antes de conocerte. Me hice la prueba y estaba limpio. Después de eso solo me acosté contigo —se defendió.

—Pero la noche antes de conocerme te garchaste a la puta esa de La Paternal, no pretendas borrarlo de tu expediente —insistí.

—Sí, pero con condón, ¿qué crees?

—¿Y no te preocupa que yo no esté limpio?

—No, te conozco, sé que no has tenido sexo inseguro con otros hombres, confío en ti. Lo único que te pido es que seas sincero, que si te acuestas con alguien me lo digas, ¿de acuerdo?

—Obvio, eso está clarísimo.

—Cuando vuelvas a Miami te muestro mis análisis, para que te quedes más tranquilo.

—Bueno, si querés yo me los hago también.

—A mí no me hace falta, ya te he dicho que confío en ti.

Sentí culpa.

—¿No te molesta que no haya confiado en vos?

—Solo me molestaría que me dijeras que no me quieres —contestó dándome besitos en el cuello—. Vamos, dime que me quieres.

—Te amo —dije sin dudar.

—Yo también te amo —dijo, y me derritió el corazón.

Luego de un par de horitas de sueño volvimos a decirnos "te amo" una y otra vez y ultimamos detalles para vernos en una semana. Ya en el counter de SolAir, la aerolínea hondureña, me siguió mimando y cambió mi bochornoso ticket de turista por uno first class. "Chau, mi niño, te espero en una semana", susurró en mi oído y me vio partir, triste por dejarlo, pero ansioso por conocer esas islas caribeñas de las que tanto me habían hablado.

"Esto es el paraíso", pensé al tocar con mis pies descalzos la arena fina y suavísima que descansaba en las playas de Roatán, una isla hondureña cercana a Belice. No puedo creer haber llegado hasta acá, esto es too much: la arena blanca, como en las fotos, y el agua turquesa, súper cristalina, y las palmeras, los cocos... No, de acá me sacan a patadas, me arrastran a empujones. Voy a buscar la cámara, así cuando llego a Buenos Aires todos se mueren de la envidia en sus oficinas pulgosas, me dije. Enseguida corrí al cuarto, que estaba frente al mar, y busqué la cámara. Me fotografié desde todos los ángulos posibles: los pies, la cara, las manos, siempre procurando que se apreciara el agua transparente y la arena blanca. Cuando pasó la euforia inicial, me acordé de Felipe y pensé que no tenía mucho sentido estar solo en ese lugar paradisíaco sin poder compartirlo con él. Me quedé con la mirada perdida en el mar, un poco tristón de ver a todas esas parejitas de luna de miel besándose una y otra vez, tocándose entre las aguas, corriendo a la habitación como gatos en celo.

Estuve así tres días, entrevistando a instructores de buceo, chefs, barmans, gente de la isla y todo el personal encargado de que los turistas se sientan como reyes. Tanto relax llegó a desesperarme, sobre todo porque el minuto de teléfono costaba 20 dólares y el hotel no tenía business center, cosa que me dejaba absolutamente desconectado de Internet y de Felipe.

El último día se me hizo eterno: ya estaba harto del sol, de la playa, de tanta heterosexualidad pornográfica. Pero sobre todo estaba preocupado por no saber nada de mi boyfriend y porque él no tuviera noticias de mí. Por suerte, al día siguiente a primera hora salíamos para la ciudad de Copán, a ver las ruinas mayas y retomar el contacto con la civilización.

—Este es el hotel, en media hora los pasan a recoger para la excursión al Parque Arqueológico —dijo el guía turístico.

—¡Media hora! —protesté—. Pero acabamos de llegar, ¿no nos pueden dar un descanso?

—Lo siento, señor, ya está todo programado —se disculpó.

Antes de seguir quejándome entré al hotel, harto de estos guías que te programan la vida. Me apuré para hacer el check in antes que mis compañeros. Enseguida pregunté si había Internet, y el boludo de recepción tardó cinco minutos en explicarme que a tres cuadras funcionaba un ciber. Me quedaban solo veinte minutos y la disyuntiva de bañarme o ir a ver mails y arriesgarme a perder la excursión. Limpio y responsable, como todo buen puto, me quedé con la primera opción. Intenté llamar a Felipe a Miami, pero cuando estaba marcando su número me acordé que siempre desconectaba el teléfono hasta la una y dejarle un mensaje me podía costar unos 40 dólares, mínimo.

Entonces me resigné a disfrutar de mi día de turista cultural, después de todo, estaba a unos pocos kilómetros de las ruinas mayas, pero en vez de pasarla bien me comía la cabeza pensando en Felipe. Salí en la combi con la productora y el fotógrafo, dos chicas italianas, un matrimonio inglés y un grupo de cuatro holandeses que no estaban nada mal. Vimos las pirámides, las esculturas religiosas, las canchas de pelota con sus gradas, las tumbas. Nada dejaba de sorprenderme, todo lo que había estudiado en el colegio, en esos aburridos libros de historia, lo tenía ahí, en vivo y en directo, podía tocarlo, sentirlo. Tomé nota de mis impresiones, entrevisté a un par de arqueólogos del parque y me quedé charlando con los holandeses. Noté que dos de ellos eran pareja porque iban de la mano como tortolitos enamorados. Los otros dos también pertenecían al club, saltaba a la vista, pero al parecer no pasaba nada entre ellos. Uno era divino, rubio, alto, más o menos de mi edad, con una remera sin mangas que mostraba la buena calidad y frescura de su carne y unos ojos verdes que se cruzaron con los míos en más de una oportunidad. Hablamos de la magia de esas ruinas, de la crisis argentina y de mis ganas de visitar Holanda.

De regreso en el hotel, a las cinco de la tarde, dejé mis cosas y corrí a buscar el ciber. Las callecitas de Copán eran pintorescas, muy parecidas a las de Cuzco en Perú, con una plaza principal y varias arterias de edificaciones bajas y rústicas. Me llamó la atención esa mezcla arquitectónica medio colonial e indígena y el choque racial entre la gente del lugar y los repetidos grupos de turistas europeos que se hacían notar. Los bares y cafés, regentados por rubias alemanotas u holandesas que dejaron el viejo continente en busca de una vida más espiritual y aventurera, despedían luces de colores, música hindú y olor a sahumerio. En esas pocas cuadras de recorrido amé la pequeña ciudad de Copán. Finalmente llegué a donde quería. "Tienda La Ponderosa. Comidas. Bebidas.

Artículos para el hogar. Cabinas telefónicas. Internet",
leí en el cartel de entrada. Pedí una computadora, la
más rápida. Me senté a leer mis tan ansiados correos.
Tenía veinte mails, pero solo me detuve en los seis de
Felipe.

*acabo de despertar. es mediodía. dormí raro. desperté como a
las tres y estuve un par de horas desvelado. me encantó verte.
perdona mi impuntualidad. eres adorable. me dio pena verte
partir pero estarás de regreso en una semana. me alegro de que
estés en un hotel divino con un cuarto bonito para vos. espero
que las playitas sean deliciosas y las disfrutes. cúidate y tómalo
todo con calma y trata de disfrutar el viajecito, que no te hará
mal respirar otros aires y descansar de tu ciudad. te quiero siempre. anoche te llamé pero nadie contestaba el teléfono del hotel,
me pareció muy raro, te llamaré más tardecito, que ahora salgo
a tomar desayuno. besos. te quiero.*

*mi niño: lo he llamado varias veces pero el teléfono de su hotel
es una miseria. nadie contesta. lo recuerdo con amor. besos.*

*estoy pésimo. no puedo dormir. tengo un incendio en la gar-
ganta y el cuerpo descompuesto. el momento para enfermarme
no podría ser peor porque el viernes tengo un programa especial. el sábado por la tarde, después de besarte, ya me sentía
mal. me enfermo tan fácilmente. maldición, espero recuperar-
me antes del viernes, si no, va a ser terrible. tus besos me han
salido caros. lamento decirte esto, pero no puedo evitar pensarlo. estoy seguro que me enfermé esa mañana. vos no tenés la
culpa de nada, obviamente. pero ahora me siento pésimo y no
quiero ver a nadie y no sé si podré hablar el viernes y, lo siento,
tampoco sé si realmente podré verte el lunes. buen viaje, pásala bien.*

acabo de mandarte un mail horrible. no me hagas caso. cuando estoy mal dormido o enfermo puedo ser muy cruel. por favor, olvídalo. te amo.

cómo vas? sigo resfriadísimo. cuídate.

no sé nada de vos. espero que estés bien. cuando puedas, escribe una línea. besos.

No podía creer lo que acababa de leer. Lo repasé una y mil veces, sobre todos las frases que más dolían, esas que me dejaron en estado de shock frente a la computadora. "Tus besos me han salido caros". "Estoy seguro que me enfermé esa mañana". "No sé si podré verte el lunes". Quedé pasmado, pero no lloré. Lo primero que sentí fue rabia, ira, ganas de putearlo por ser tan pelotudo, por jugar con mis ilusiones, por dejarme plantado después del esfuerzo que había hecho para viajar a verlo. Puse "responder" y me descargué.

recién ahora logro conectarme y me encuentro con tus mensajes. me dejaste helado. nunca pensé que serías tan hijo de puta. así que yo te contagié? me parece raro, porque estoy más sano que nunca. cómo es eso de que mis besos te han salido caros? cuando me la mamabas en ese hotelucho del aeropuerto que VOS elegiste no parecías ser tan higiénico ni estar tan pendiente de las alergias. si te enfermás por cualquier cosa como un bebé es porque de joven tomaste tanta coca que las defensas te quedaron por el piso, así que no me eches a mí la culpa de tus enfermedades, ok? y cómo es eso de que no vas a poder verme el lunes? claro, otra invitación y otro arrepentimiento, veo que sos un experto en esas cuestiones. bueno, gracias por cagarme el viaje, y antes de despedirme una última cosa: ANDATE A LA MIERDA.

Sin releer lo escrito puse "send", salí de Hotmail, pagué y caminé hasta el hotel con la mirada perdida, el corazón latiendo fuerte y la misma angustia en el pecho que sentí en Lima cuando me dijo que jamás íbamos a ser novios. Caía la tarde y las calles de Copán regalaban coloridas postales de artesanos, vendedores ambulantes, puestos de comida al paso y europeos de caras y cuerpos perfectos disfrutando de una cerveza en las mesitas de los bares que se acomodaban en plena vereda. Me hubiera encantado estar de ánimo para formar parte de esa foto, pero me sentía perdido, descolocado. De un momento a otro había borrado a Felipe de mis planes, porque al parecer yo nunca estuve en los suyos, y esa idea me golpeaba fuerte, me resultaba muy reciente para digerirla. Pero al margen del tema amoroso, me preocupaba saber qué pasaría conmigo en los próximos días. Me había gastado gran parte de la poca plata que traía en los bares y restaurantes de la isla paradisíaca (que yo, como un tarado, pensé que era "all inclusive") y las excursiones resultaron ser más caras de lo que creí. El hecho era que solo me quedaban 300 dólares, un pasaje Miami/Buenos Aires para dentro de seis días, y mi estúpida manía de haberme negado a sacar una tarjeta de crédito por odiar los trámites bancarios. Entré en pánico, pensé en soluciones, soluciones prácticas, y mientras tanto me juré sacar a Felipe de mi vida. En realidad, pensé después, el problema no podía ser tan grave: una vez en el aeropuerto de Miami iría al counter de Aerolíneas, pagaría la multa de 100 dólares y cambiaría el pasaje. ¿Y si no hay lugar?, me dije. Bueno, me voy al día siguiente, de última, duermo en el aeropuerto, qué sé yo, o le pido plata a los chicos que viajaron conmigo, aunque apenas los conozco. Divagué durante tres cuadras, angustiado, confundido, odiando y maldiciendo a Felipe, sintiéndome traicionado, abandonado. En el cuarto del hotel me tiré a la cama y sentí ganas de llorar, pero pensé en frío y busqué el escape más rápido, la salida más fácil. Antes de derramar una lágrima busqué en mi bolso la tira de Alplax que me había dado mamá para el avión y me tomé dos calmantes de un solo trago. Prendí la tele, puse MTV y esperé a dormirme. Pensé que al día siguiente tendría las cosas más claras.

—¿Hola? —contesté medio dormido.

—Martín, ¿qué hacés todavía ahí? ¡Son casi las once! En quince minutos salimos para la última excursión, dale, apuráte, que te esperamos en el lobby.

Era la productora, con voz de histérica, gritando en el teléfono y rompiéndome los tímpanos a través del tubo. Yo no entendía nada, la cabeza me daba vueltas, me dolía como mierda. Me paré y sentí el mareo, odié la puta excursión, pero si no iba, ¿quién escribiría la nota? ¿Quién haría las entrevistas? La productora, que no sé para qué carajo vino, apenas sabía escribir su nombre, y encima era amiga de la gorda Mariana y, seguramente, le iba a detallar todos los desplantes que le hice durante el viaje. Tengo que ir, no me queda otra, pensé, y me metí en la ducha helada. Estuve como zombi durante todo el día, tratando sin éxito de concentrarme en las reliquias del Museo Maya y la historia de cada uno de los jodidos esqueletos que aparecían en la expedición a las catacumbas. No hablé con nadie, ni siquiera con el holandés de ojos verdes, que no dejaba de preguntarme si me sentía bien.

A las cinco volví rendido al hotel, me tiré una hora en la cama y, ya recuperado, salí a dar una vuelta por el pueblo. Pasé por el ciber. Estaba intrigado por la reacción de Felipe ante mi mail tan violento. Aunque lo odiaba y me había prometido borrarlo de mi mapa, muy en el fondo mantenía la esperanza de que me pidiese perdón, de que me rogara que fuese a verlo.

mi querido martín:
acabo de llegar del canal. el especial fue un éxito. estoy feliz. perdona ese mail idiota que te mandé. olvídalo. estaba muy mal y me quejé con vos. fui un idiota: lo siento. pero sabes que te amo y que muero de ganas de verte. espero que puedas venir el domingo: sería genial! y si no se puede, te espero el lunes o cuando quieras. será delicioso estar con vos acá. ya estoy mucho mejor del resfrío. te adoro. no dejes de venir. besos y abrazos con todo mi amor.
felipe

Un par de lágrimas salpicaron el teclado. Aunque odiaba reconocerlo, estaba a sus órdenes. Sus palabras me dominaban, iban más allá de mi conciencia para clavarse en el corazón y recordarme que lo seguía amando, a pesar de todo. Pero no podía olvidar ese mail tan horrible, lo mal que la pasé la noche anterior, la angustia por sentir que todo había terminado, la incertidumbre de verme solo y perdido en Miami. No le contesté, preferí darme un tiempo para pensar antes de tomar una decisión apresurada. Salí a caminar y me metí al bar más lindo del pueblo. Era todo de madera, con una barra llena de tragos, buena música y un montón de extranjeros de todos los tamaños y colores con cara de estar pasándola de puta madre. Me senté a mirar, animado por el ambiente, y pedí un mojito bien liviano. De pronto sentí una mano que me daba palmadas en el hombro derecho. "Hi! How do you feel? Better?", preguntó el holandés de ojos verdes con una sonrisa recorriendo sus labios pálidos. "Yeah! Good, good", le respondí en mi inglés indio y lo invité a sentarse. Hablamos de lo pintoresca que era Copán, de ese bar con tanta onda en el que nos encontramos, de las catacumbas mayas y otra sarta de trivialidades que sirvieron para romper el hielo. Le conté que era mi último día en Honduras, que estaba ahí haciendo una nota turística, que antes de volver pasaría por Miami y que me sentía bien a pesar del calor. Él me contó que estaba de viaje con esos tres amigos que lo acompañaban en las excursiones, que de ahí se iban a Guatemala, Costa Rica y El Salvador, para terminar con una semana de "wild nights" (esas fueron sus palabras) en las discos de Miami. Nos reímos con el comentario, me miró como diciendo "vos sabés de qué te estoy hablando, no me vas a decir que no sos del club", y me preguntó si estaba con alguien. No cacé la indirecta, y en vez de seguir con el coqueteo le conté que tenía un novio en Miami, que era más grande que yo, que salía en la tele, que me había invitado a pasar una semana allá y después me dijo que no y nos peleamos y me pidió perdón y ahora yo no sabía qué hacer. Luego de media hora de cháchara, le quemé el cerebro al pobre holandés. Él lo único que quería era un buen revolcón y yo lo torturé con mis conflictos sentimentales. Cuando vio cómo venía la mano, que yo era una loca sentimentalista y romanticona que lo único que quería era reconciliarse con su boyfriend, se levantó con la excusa de ir a buscar una cerveza y no regresó. Volví al ciber y le escribí un mail a Felipe diciéndole que me esperase. Me quedé respondiendo otros mensajes viejos. A la media hora apareció un correo nuevo en mi bandeja de entrada. Todo había vuelto a la normalidad.

buenísimo. nos vemos el lunes. cuando llegues, toma un taxi y le dices que te lleve a key biscayne, a la dirección que te di. besos y abrazos. cuídate. te extraño.

DIECISÉIS

—¡Welcome to Miami, baby! —dijo sonriente mi Felipito mientras abría la puerta de calle.

—Hola —dije dándole un abrazo frío, todavía con un poco de resentimiento por el episodio de Honduras.

—Ven, pasa, dame eso, no cargues maletas.

Entró la valija, la acomodó en el hall, cerró la puerta y me dio un beso largo, rico, al que no me pude resistir.

—¿Qué tal el vuelo?

—Bien, tranquilo.

—¿Te gusta la casa?

—Sí, divina.

—Pasa, pasa. Bueno, esta es la sala, que, como ves, da al jardín y la piscina.

—Ah —dije sin ganas.

—Y por acá, ven, sígueme, por acá están los cuartos. Este rosa es el de mi hija mayor, este amarillito es de la menor, esos dos más pequeños son los de huéspedes y este del fondo —dijo caminando por un pasillo largo—, es el mío, ¿te gusta?

—Copado, súper tranquilo.

—¿Has visto la paz que hay en esta isla? Es un paraíso, no hay tráfico, humo, buses, gente discutiendo en las calles... No hay ese caos de Lima que a mí me resulta insoportable.

—¿No te sentís solo en esta casa, tan alejado? —pregunté con la garganta seca, rezando para que me ofreciera rápido algo de tomar.

—No, yo a esta vida no la cambio por nada. Amo estar solo en esta casa grande, sin ruidos, sin horarios, sin nadie que me joda... Me costó mucho llegar a esto y ahora solo quiero disfrutarlo.

—...

—¿Qué te pasa, por qué estás tan callado? ¿Sigues molesto?

—Supuestamente vine para mandarte a la mierda, pero no puedo —dije esquivando su mirada.

—No me mandes a la mierda, pues. Cuando estoy enfermo o mal dormido me transformo, soy un energúmeno, pero es una cuestión puramente física, nada más.

—Que deberías controlar...

—Yo te quiero, eso es lo importante. Y lo que vale son los hechos, no las palabras. Si no te quisiera no estarías acá, no te hubiera pedido perdón.

—...

—Yo te amo, no dudes eso —me dijo al oído.

—Yo también —dije susurrando—. Nunca más me hagas una cosa así, ¿me prometes?

—Te prometo.

Nos quedamos abrazados un rato largo, eterno.

—Estamos sudados, ¿no quieres ir a la piscina? Sabes que yo no prendo el aire acondicionado porque me resfrío —me explicó.

—Dale, vamos a la pileta, que me muero de calor. Esperá que busco el traje de baño.

—No, no, no, en esta casa está prohibido que los chicos guapos usen traje de baño —dijo sacándose la remera.

—Ah, no, ni loco me meto en bolas, me muero de la

vergüenza... Ya está, me quedo así, en calzones —dije sacándome el pantalón.

El agua lo hizo todo más romántico. Nadamos juntos, nos abrazamos, jugamos con nuestros labios húmedos, le besé el cuello, el pecho, entrelacé mis piernas en su cadera y me quedé flotando, como si me estuviera cogiendo en el aire. Me sacó el calzón, la tenía durísima, intentó metérmela, no pudimos, trató de nuevo, imposible.

—No creo que podamos hacerlo acá. Si fueras mujer no habría problemas, pero se ve que con un hombre es más difícil.

No contesté.

—Me encantaba hacerlo con mujeres en la piscina.

¿Este boludo qué me está diciendo?, pensé, aunque volví a quedarme callado.

—¿Te ha molestado lo que dije?

—No —mentí.

—El mejor sexo de mi vida lo he tenido contigo, sabes que es así. El resto son anécdotas menores, solo te lo cuento para que te diviertas.

—...

—Me encanta tu potito, no sabes cómo me calienta —dijo acariciándome ahí atrás—. Ven, vamos a la cama.

Una hora después fuimos a almorzar. Felipe me dijo para salir de la isla, así podía conocer Ocean Drive y Lincoln Road. Nos subimos a su auto descapotable y puse el último CD de Madonna. La escena no podía ser más gay. Canté "American life, I lived the american dream" a coro con la madre reina del pop, y pensé: ¿por qué no me habrá tocado formar parte del sueño americano? ¿Por qué habré nacido en ese país de mierda que queda en el culo del mundo y solo sale en los diarios extranjeros porque no puede pagar la deuda externa? Es injusto, la vida es muy injusta. Cruzamos el puente que une a Key Biscayne con el resto de Miami y seguimos por la autopista a toda velocidad. En veinte minutos estábamos estacionando en un parqueo cercano a Lincoln Road. Almorzamos en un restaurante divino de la calle peatonal, atendido por nuestros compatriotas (argentinos, peruanos, todos eran lo mismo en Miami, todos eran camareros, lavaplatos o botones). Aproveché para meterme en las mejores casas de ropa, aunque la devaluación solo me permitió mirar y no tocar.

—¿Dónde es la famosa playa gay? —pregunté curioso.

—Enfrente a Ocean Drive.

—¿Es muy lejos de acá? —insistí.

—No, ¿quieres ir?

—Sí, me divierte, solo por curiosidad… bah, no sé, si no te molesta…

—¿Cómo me va a molestar?

Subimos al auto y fuimos hasta Ocean Drive, la calle más movida de Miami. Caminamos de la mano por el malecón, abrazándonos como si fuéramos un matrimonio de luna de miel en plena rambla marplatense. Nadie nos miró, ni juzgó, todo el mundo estaba en la suya. Las gordas caminaban con sus calzas fluorescentes, mostrando los rollos sin complejos, los negros hacían bulla con el rap, las chicas se deslizaban con maestría sobre sus rollers. Todo era shinny happy people, pero sin la mirada acusadora de los estreñidos sanisidrenses. Es verdad que la delicadeza y el buen gusto brillaban por su ausencia, pero si tengo que elegir entre el buen gusto a la antigua y poder darle un beso a Felipe sin que nadie me diga nada, me quedo con lo segundo, lejos.

La playa gay estaba llena de musculocas exhibicionistas. Todo era carne, sexo en vitrinas y cuerpos de gimnasio enfundados en mini trajes de baño de lycra súper ajustados que marcaban todas las partes. Por momentos envidié esos cuerpos, me sentí poca cosa por ser tan flaco y esmirriado. También eché de menos un poco de esa carne a mi lado, porque Felipe no era precisamente un adicto al gym. Pero en el balance la situación me resultaba graciosa y esos chicos, algo patéticos. Ninguno estaba a la altura de mi Felipito.

A las siete volvimos a la isla. En su casa, Felipe me dio a elegir entre uno de los cuartos de huéspedes.

—¿Te molesta que durmamos en habitaciones separadas? —preguntó como disculpándose.

—No, para nada. Al contrario, me parece mejor, más cómodo.

—Qué bueno, me encanta que digas eso. Cuando le digo a una mujer que prefiero dormir en camas separadas se pone histérica, como si la hubiera insultado, no entiendo qué les pasa.

—Sí, no sé, la verdad que no tengo mucha experiencia en el tema.

—Bueno, báñate, prende la tele, haz lo que quieras, que yo me doy una ducha y salgo para el canal.

Si bien la convivencia hogareña resultó de lo más amena, adaptarse a las manías de Felipe no fue nada fácil. Descubrí que le molestaba mi música, que se crispaba cada vez que ponía un disco o prendía la radio, que odiaba ver MTV, que en la heladera no tenía más que frutas y agua mineral y que bajo ninguna circunstancia estaba dispuesto a dejar entrar a una mucama a su casa por razones de desconfianza, así que los baños y la cocina podían ser muy lujosos, pero a veces daban asco. Otro problema eran los horarios: Felipe dormía religiosamente hasta las dos de la tarde, y ante el más mínimo ruido se despertaba con un humor de perros, cosa que me obligaba a esperarlo despierto sin poder prender ningún artefacto eléctrico, con un mísero jugo de naranja como desayuno y con la lectura como única manera de evasión en esa especie de cárcel del amor.

Mas allá de estas minucias domésticas, que respeté a rajatabla, el mini week de vacaciones en Miami se pasó volando entre almuerzos en Lincoln Road, visitas a shoppings monumentales en los que Felipe me compró algunas cositas y protestó porque odiaba esos lugares que le daban tanto dolor de cabeza, paseos por la playa y momentos de mucho amor.

En la última de esas caminatas por la orilla del mar de Key Biscayne, con los pies mojados recorriendo la arena blanca y la piel bronceándose al sol, hablamos, por primera vez, de nuestro futuro.

—¿Qué harías si no necesitaras trabajar más? —le pregunté.

—Primero que nada dejaría la tele, que me consume, es muy desgastante —contestó sin pensar—. Y luego no haría mucho más, seguiría ocupándome de que mis hijas vivan como reinas y me dedicaría a escribir, solo a escribir.

—¿Dónde vivirías?

—Supongo que aquí, en Key Biscayne. Este lugar es ideal para estar solo y escribir, yo con eso soy feliz. ¿Y tú, seguirías trabajando en la revis?

—No, en *Soho* no... —enseguida dudé de mi respuesta—. Bueno, me gusta lo que hago, pero ya hace cuatro años que trabajo ahí, a veces se me hace rutinario.

—¿Qué te gustaría hacer, cuál es tu sueño?

Me quedé pensando un buen rato.

—No sé, la verdad es que no lo tengo muy claro.

—¿Quieres que te diga lo que yo pienso? —preguntó.

—Claro, cómo no voy a querer.

169

—Yo creo que debes escribir, pero no esas cosas que haces en la revista, eso no es tuyo, ese no eres tú.

—¿Y qué se supone que debo escribir?

—No sé, algo que sea tuyo, que te salga del corazón, lo importante es contar una historia que sea buena y muy tuya, que conmueva a otra gente.

—¿Cómo estás tan seguro si nunca leíste nada mío?

—No, es verdad, pero te conozco. Eres tan sensible, tan observador, estás tan atento a los detalles... eso es lo más importante. Y la técnica ya la tienes, tus artículos son muy correctos, están bien escritos. Debes animarte.

—No sé, nunca se me ocurrió escribir ficción. Además, no tengo tiempo, estoy todo el día trabajando.

—Tal vez deberías dejar la revista, aunque sea por un tiempo, para probar. Yo a tu edad dejé la tele y me fui a Madrid a escribir mi primera novela.

—¿Estás loco que voy a dejar *Soho*? ¿Sabés cuántos querrían estar en mi lugar? ¿Cuántos periodistuchos argentinos darían cualquier cosa por ser editores de esa revista? No, ni hablar. Aparte, si no trabajo estoy frito, ¿de qué voy a vivir? ¿Sabés lo que cuesta hoy en Buenos Aires conseguir otro laburo como el mío?

—Yo te puedo ayudar si me dejas —dijo dándose vuelta para evitar el viento en la cara.

—¿En qué me vas a ayudar?

—Escúchame bien, deja que termine. A ver, te propongo lo siguiente: si tú quieres, en un tiempo, puedes renunciar a la revista, que para mí es un trabajo que ya te queda chico, y te vienes seis meses a Miami sin pensar en la plata, sin ningún tipo de preocupación económica. Te vienes aquí, te quedas en mi casa y yo te pongo un estudio con una computadora y te obligo a escribir como mínimo cuatro horas diarias.

—¿Y qué se supone que escribiría? —pregunté incrédulo.

—No sé, lo que te salga de los cojones. Tienes muchas cosas para contar, todas esas historias familiares, ese tiempo que estuviste en el Opus Dei... qué se yo, te aseguro que te sobran los temas.

No podía creer que hubiésemos llegado hasta ese punto. Felipe me había propuesto, aunque fuera por un tiempo, vivir con él, en su casa. Era como si me estuviera dando un anillo de compromiso, como si hablara con mis padres para pedirles mi mano. Pero en cierto modo todo parecía irreal: Felipe siempre hablaba de más para complacerme, para verme feliz, como cuando me invitó a Lima y después se arrepintió, o cuando me dijo que fuera a Miami para después mandarme ese mail de mierda. No podía confiar en él, no todavía.

—Me emociona mucho lo que me decís, me siento súper halagado —dije en repuesta a su ofrecimiento—. Pero yo en Buenos Aires estoy muy bien, llevo una vida cómoda, y acá, no sé, ¿qué voy a hacer acá? No conozco a nadie, no tengo plata ahorrada, y para trabajar de camarero me quedo allá, ¿no te parece?

—Tienes razón, no voy a tratar de convencerte, pero es importante que sepas que la propuesta seguirá estando de pie, y que siempre vas a contar conmigo.

—Gracias, mi amor, te amo —dije abrazándolo.

—Nosotros no somos novios, esas cosas pasan rápido, se diluyen. Tú eres mi amigo, mi hermano —me dijo al oído—. Eres mi hermano —repitió mirándome a los ojos—, no lo olvides nunca.

Esas palabras me llegaron directo al corazón, como las puñaladas que me clavó aquella noche en Lima. Lloré en su hombro, pero esta vez no derramé lágrimas de dolor, sino de alegría, de emoción, porque nunca nadie, ni siquiera mi mamá, me había hecho sentir tan especial.

Finalmente llegó el día de la despedida. Felipe me llevó al aeropuerto y se aseguró de que no hubiera problemas con mi vuelo. Llevaba puesto su traje de la tele (porque de ahí se iba directo al canal) y unos anteojos oscuros, aunque ya era casi de noche. Mi pulgoso ticket turista de Aerolíneas Argentinas nos obligó a ubicarnos al final de una fila larguísima para despachar el equipaje. El momento no pudo ser más desagradable. Todo el mundo se acercaba a hablar con Felipe para pedirle autógrafos, y él trataba de disimular la cara de orto y el pánico de pescarse alguna enfermedad en ese caldo de cultivo de gérmenes. En la fila de Aerolíneas estaban los integrantes del grupo bailantero Ráfaga, el Tula (ese que tocaba el bombo en los actos de Menem), varias familias llenas de pendejos molestos que no paraban de gritar y quejarse, y una considerable troupe de ex camareros, lavacopas o bellboys que volvían derrotados a Buenos Aires luego de haber fracasado en su intento de hacer realidad el tan ansiado "american dream". Yo era uno más en esa horda de subnormales, y mientras esperaba mi turno sufría sabiendo que debería compartir ocho horas en aquella lata de sardinas mugrosa, sentado entre toda esa gente y sin un puto espacio para estirar las piernas.

Con la valija ya despachada y el boarding pass en la mano, vino el momento del adiós. Felipe llegaba tarde al canal, y el programa era en vivo. Nuestro tiempo había terminado. Con toda esa chusma alrededor era imposible despedirnos como correspondía, así que lo acompañé hasta el estacionamiento y nos metimos en el auto.

—Te voy a extrañar —le dije con los ojos ya colorados.

—Yo también, mi amor, no sabes cuánto —dijo acariciándome la espalda—. ¿Has estado contento?

172

—Mucho —respondí con el primer llanto.

—No llores, mi niño, te prometo que nos vamos a ver pronto.

—Sí —dije, sabiendo que ese "pronto" no tenía fecha, sufriendo porque me esperaba al menos otro mes de soledad en Buenos Aires.

Lo abracé fuerte, lo besé con pasión y sentí cómo lo perdía, cómo se me iba de las manos. Él no lloró, no derramó ni una lágrima. Simplemente me miró a los ojos y, con toda su ternura, alcanzó a decir:

—Te amo. Te esperé toda mi vida. Nunca había tenido un boyfriend. Gracias por hacerme tan feliz —y me abrió la puerta para salir.

DIECISIETE

Buenos Aires siempre me recibe con cara de orto. Ezeiza, las eternas colas de inmigración, los tacheros ladrones peleándose por llevarme, las autopistas atascadas, el tráfico, la ciudad llena de gente que protesta por algo, el aire gris. Mis regresos suelen ser deprimentes, aunque tenga ganas de ver a los amigos y a la familia, contarles de mis viajes, inventarles historias sobre mis aventuras por el mundo, darles algún regalo. No sé por qué, pero el simple hecho de pisar suelo argentino ya me pone un poquito tristón. Al llegar a San Isidro las cosas mejoran, lo gris se transforma en verde y la nostalgia porteña que tanto me agobia en el camino a casa se diluye entre la gente brillante y feliz de mi suburbio.

Entré a casa a las nueve de la mañana, cansado, de mal humor, pero con muchas ganas de abrazar a mamá, que ni bien me vio entrar corrió a saludarme.

—¡Mi bebé! ¡No sabía que llegabas tan temprano! —dijo dándome un beso en la mejilla.

—¿Qué hacés, mami?

—¿Por qué no me avisaste la hora, así te íbamos a buscar?

—No, todo bien —dije tirándome en el sillón del living.

—¡Nancy, traéle el desayuno a Martín! —se apuró a ordenar.

174

—¡Sí, señora! Hola, Martín, ¿cómo te fue?

—Bien, Nancy, bien, gracias. Me traes un par de aspirinas, ¿please?

—A la orden.

—¡Ay! Te duele la cabeza, ¿será del hígado o de las cervicales? Hoy viene Lidia, la masajista, si querés...

—No, mamá, estoy bien, dejá —interrumpí, ya fastidiado con semejante acoso.

—¡Bueno, qué humor! Contáme, ¿cómo estuvo todo?

—Bárbaro, la verdad que salió todo perfecto. No sabés lo que eran las playas de Honduras, un paraíso, como en las fotos...

—Claro, yo sé, ¿no te acordás cuando me fui con tus hermanas a Cancún? —se apuró a decir.

—Sí, ya me lo contaste cien veces. Bueno, eso, la arena blanca, el agua celeste, increíble. Después fui a unas ruinas mayas, también como las que viste en México.

—¡Mirá qué buen viaje te ligaste! Y yo que pensé que en ese país de cuarta no había nada... ¿Y Miami, te gustó Miami?

—Sí, está bueno, pero no es gran cosa.

—¿Viste? Lo mismo digo yo, es súper ordinario. Cuando estuve de paso por ahí no encontré ni una persona bien, ¡un desastre!

—¡Ay, mamá, vos todo lo mandás para ese lado! Si no me copó tanto es porque la ciudad en sí me pareció fea: la arquitectura, el clima, el estilo de vida, no sé, es lo menos europeo que te puedas imaginar.

—Por eso digo que es ordinario...

—Bueno, sí, en eso tenés razón.

—Y me decías que esa parte del viaje la hiciste solo...

—Si, el fotógrafo y la productora hicieron conmigo la parte de Honduras, que es la más turística. A Miami solo fui para hacer un par de reportajes —mentí.

—Ah, mira vos, ¿a quién?

—Acá le dejo el desayuno —dijo la mucama.

—Ah, gracias, Nancy. Ay, mamá, no sabés cómo extrañaba este café —dije para cambiar de tema—. ¡Viste que allá es un asco!

—Sí, para mí todo lo americano es ordinario, puro plástico. Bueno, que me decías... ¡Ah! Entonces te quedaste solo en Miami, ¿y te dieron un buen hotel?

Por suerte su principio de Alzheimer le impidió retomar la pregunta anterior.

—Sí, conseguimos un canje divino, en un cinco estrellas —seguí mintiendo.

—¡Qué bien! Lástima que te tocó ir solo, yo sola no viajo ni loca.

—Sí, una pena. Bueno, me voy a bañar, en un rato tengo que salir para la revis.

—¿Pero por qué no te tomás el día?, debes estar muerto. Dale, decí que se retrasó el vuelo y nos vamos juntos a almorzar al club, ¿no te parece una buena idea? —preguntó entusiasmada.

—¡No, mamá, estás loca! Vengo de viajar dos semanas, ¿cómo se te ocurre? —dije yéndome para el baño.

—¡Ah, pará, no te vayas todavía, que me acabo de acordar una cosa!

—¿Qué? ¿¡No me lo podés decir después!?

—No, vení, sentáte —me ordenó.

—¡Qué densa te ponés!

—Escucháme, cuando volvíamos con tu padre de dejarte en el aeropuerto llamó a tu celular Felipe Brown, ese payaso que aparece en la televisión. ¿Sabés de quién te hablo?

—Sí, claro —respondí con el corazón a punto de estallar—. ¿Y cómo sabías que era él?

—Porque pidió hablar con vos, y yo dije de parte de

quién, y me dio su nombre, y me preguntó si ya había salido tu avión... ¿Me querés decir qué hace ese tipo llamando a tu celular?

—No sé, ni idea, le habrán dado mi número en la revis —dije nervioso, otra vez mintiendo.

—¿Y cómo sabía que viajabas?

—Le conté por mail que iba a Miami, que tal vez nos podíamos ver allá, no sé... son contactos de trabajo, mamá.

—¿Y lo viste?

—No.

—Ah, qué alivio, porque ese tipo es un degenerado. ¿Sabías que anda diciendo que es bisexual?

—¡Claro, mamá, si yo lo entrevisté! —contesté perdiendo la paciencia—. ¿Cuál es tu problema?

—No, nada, me preocupo por vos. Seguramente ese tipo te vio tan joven, tan fino, tan educado, que andá a saber lo que se le pasó por la cabeza... Tal vez pensó que vos también eras maricón —dijo en voz baja, como con vergüenza.

Me levanté, la miré a los ojos y sentí ganas de largarle todo de una vez. Pero no pude.

—Ay, mamá, no digas gansadas. Se ve que tenés mucho tiempo libre, mucha imaginación. Mejor me voy a bañar, que ya se me hace tarde.

En la ducha me arrepentí de haber dicho tantas mentiras. Vivir en esa casa me hacía sentir vigilado, observado por el resto de la familia. Las conversaciones telefónicas con Felipe siempre eran en voz baja; los mails, secretos; los viajes, inventados; sus fotos, escondidas. No podía tener un novio y seguir compartiendo el techo con papá y mamá. O les decía la verdad, o me iba. ¿Y si se enteraban de cómo eran realmente las cosas, me dejarían seguir viviendo con ellos, como si fuera lo más normal del mundo? Quién sabe, en tiempos de destape gay todo valía. Lo único cierto era que mis mentiras tenían patas cortas.

Esa noche era la última fiesta del año de la revista. El dueño nos aseguró que iba a tirar la casa por la ventana, que todo Buenos Aires hablaría de ese evento. Yo, feliz con la noticia, tenía mil cosas para hacer ese día, menos trabajar. A las tres en punto llegué al Club Creativo, la peluquería de los peinados locos. Mi amigo Maxi, el dueño, me hizo un corte rarísimo que incluyó flequillo desmechado y cresta al estilo Beckham. Salí chocho con mi nuevo look. Caminé por Santa Fe hasta la galería Quinta Avenida, meca de los diseñadores alternativos porteños. Necesitaba una camisa rara y sexy, original, que no tuviera nadie, pero a la vez sofisticada, nada de mamarrachos vanguardistas que crucen la delgada línea entre lo extravagante y lo kitsch, lo ridículo. Los chicos de Primal, dos amigos diseñadores, que además de socios eran pareja, dieron en el clavo. Les compré una camisita de manga corta, un poco entallada, de una tela liviana medio algodón medio seda, y con un estampado súper loco de estrellitas que recorrían toda la gama de violetas y azules, desde el lila hasta el celeste. Me pongo esto arriba y el jean de Gap medio gastado abajo, pensé mientras pagaba con un 20 por ciento de descuento y les dejaba un par de invitaciones a mis vestuaristas estrella. "Chau, chicos, los veo esta noche", dije, y salí apurado para San Isidro.

"Why you have to go and make things so complicated?", gritaba mi nueva ídola teen Avril Lavigne en la radio y yo, mientras me arreglaba en casa feliz para la fiesta, tuve un lapsus de nostalgia por mi amor lejano, mi Felipito, porque las cosas se ponían cada vez más complicadas. Sus mails ya no me alcanzaban. Sus llamadas diarias, solo me hacían recordar lo mucho que lo extrañaba, y lo peor de todo era que no estaba seguro de cuándo volvería a verlo. Mis divagaciones melancólicas se vieron interrumpidas por la chicharra del celular. Era mi consejera sexual.

—¡Lola! —grité fingiendo emoción.

—Hola, mi amor, ¿qué contás?

—Nada, pensando en mi chico, no sabés cómo lo extraño...

—Me imagino. Bueno, muy romántico lo tuyo, pero hoy tenemos fiesta y tu noviecito está muy lejos, así que él se lo pierde. ¿Ya estás listo?

—Casi, en media hora te paso a buscar, ¿te parece?

—Me re parece, no tardes, ¡bye!

—Chau.

Ok, Lola tiene razón, Felipe está muy lejos y hoy es mi noche, pensé, y terminé de calzarme el jean recién lavado y almidonado para que me quedase más ajustadito.

Cuando llegamos a Mint, la disco donde se hacía la fiesta, ya había una larga fila de gente esperando para entrar. Lola y yo, el editor y la colaboradora estrella de la revista, nos plantamos en la puerta, saludamos a los RR.PP. y pasamos de lo más vips, sin hacer cola ni tolerar un segundo de espera. La variopinta fauna de invitados estaba compuesta por modelos, productoras de moda, fotógrafos, periodistas, diseñadores, actrices, actores, músicos, cantantes y gente del ambiente que nadie tenía muy claro a qué se dedicaba pero que jamás se perdía un evento. Todos estaban ahí con su copa en la mano, tomando, riendo, mostrando, mirando.

Con Lola decidimos emborracharnos, llegar al final, tomar hasta perder la conciencia y ser el centro de la fiesta. Ella, por su look, no necesitaba hacer mucho para atrapar todas las miradas. Las pulseras con tachas y el escote de gasa color plata, que dejaba escapar sus tetas ante el más mínimo descuido, resultaban suficientes para embrujar a media fiesta. Ni bien entramos, nos paseamos de la mano por las cuatro barras: ron Bacardi, champagne Chandon, cerveza Corona y licor Hot Sex. Probamos todo, mucho de todo, y ya rendidos de tanto dar vueltas y saludar a todo el mundo nos echamos en los sillones más alejados que encontramos, en un sector reservado para parejitas en llamas.

—Dale, mi amor, sentémonos acá, que nadie nos ve —me dijo, absolutamente borracha, con las tetas que se le escapaban y que yo, en vano, intentaba cubrir.

—No, boluda, estos sillones son un asco, acá vienen todos a coger, y que yo sepa todavía no encontramos unos buenos chongos... —le dije lanzando una carcajada exagerada.

—No, pero que aparezcan rápido, porque hoy estoy muy calentona. Deben ser las gotitas de amor, ¿te gustaron?

—Me encantaron —dije sin dejar de reírme—. No, pará, de qué me hablás, ¿qué es eso de las gotitas de amor? —pregunté mientras veía su figura borrosa y sentía una especie de excitación inexplicable.

—¡Ah, no te conté, qué pelotuda! —respondió golpeando el sillón y largando una carcajada aguda, insoportable—. Cuando te fuiste al baño te puse unas gotitas de ácido en el vaso, para que estés más sexual. ¡Mirá, parece que te hicieron efecto, mi amor, la tenés re dura! —dijo tocándome entre las piernas.

—¡Me drogaste, hija de puta! ¿Y ahora qué me vas a hacer? —pregunté y le di un beso en la boca, sintiendo el piercing que atravesaba su lengua.

—No sé —susurró con sus labios lamiéndome el cuello—. ¿Qué querés que haga?

—No creo que puedas hacer mucho —le dije, bien puto.

—¿Qué? ¿Tanto te gustó que te rompieran el orto? ¿Y con esto qué hacemos? —dijo metiendo su mano por debajo de mi pantalón—. ¿No te parece que es un desperdicio?

—No sé, ¿vos qué pensás? —dije atrapado por los efectos de las gotitas de amor.

—¿Sabés qué pienso? Que me encanta que la tengas tan dura —dijo bajándome el cierre y empezando a chupármela.

El piercing hizo maravillas ahí abajo. Lola era una maestra.

—Ahora te toca a vos, mi amor, no creas que te va a salir gratis —dijo abriéndose de piernas—. Primero la lengua, dale.

Traté de complacerla. Haciendo un esfuerzo descomunal, empecé a lamer ahí abajo. La escuché gozar, pero ni sus primeros gemidos de placer pudieron contra mi naturaleza. Sentí asco, repulsión.

—¡Basta, salí, no puedo! —grité, empujándola.

Me abroché el pantalón y salí corriendo hasta la puerta pues necesitaba con urgencia un poco de aire. Una vez en la calle, empecé a vomitar.

—¿A vivir a Miami?

—Sí, ¿qué tiene?

—¡Vos estás mal de la cabeza!

Victoria parecía indignada. Apoyó de un golpe su copa contra la mesa dejando caer unas gotas de vino tinto sobre el mantel y me clavó los ojos con una mirada acusadora. Como cada miércoles a la noche, fuimos a comer a Bella Italia, un restaurante ubicado en la zona del Botánico, justo enfrente del loft de Vic.

—No, en todo caso estoy enamorado... —respondí de lo más puto.

—Bueno, no pensé que fuera para tanto. Ok, me parece bárbaro que estés enamorado, y te envidio por eso, pero es una locura que te vayas —dijo tragándose un penne al escarparo—. ¿Cómo se te ocurrió semejante disparate?

—No, en realidad a mí no se me ocurrió. Resulta que estábamos con Felipe, caminando por la playa, y en eso me dice: "¿Por qué no te vienes unos meses a escribir a Miami?".

—¿A escribir? ¿Pero qué vas a escribir vos? —preguntó incrédula.

—Si me interrumpís a cada rato no voy a terminar de contarte nunca —dije un poco irritado.

—¡Es que me saca que a veces seas tan delirante, nene!

—Ok, entonces me callo. Hablemos de tu banda, de tu disco, ¿querés? —pregunté enojado y di un par de sorbos a mi coca-colita con hielo.

—Dale, seguí, no te hagas el ofendido.

—Bueno, nada, la cosa es que Felipe cree en mí como escritor, y dice que la mejor forma de empezar es largando todo acá para instalarme unos meses con él en Miami y ver qué sale. ¿No es un amor?

—Pará, pará el carro, nene. ¿Cómo es eso de largar todo?

—Todo lo de Buenos Aires. En realidad, lo único que me da un poco de cagazo es dejar la revis, porque mucho más que eso no tengo.

—No te equivoques, acá estamos tus amigos, tu familia. ¿Sabés lo que es irte tan lejos, solo, sin conocer a nadie, y encima con poca guita?

—Ya sé que es complicado, pero hay que jugarse, ¿no te parece?

—¿Y la revista? —gritó sin hacerme caso—. ¡Cómo se te ocurre dejar ese trabajo! Yo sé lo que te costó llegar a donde estás, que te pasaste cuatro años metido ahí adentro laburando como un perro, y ahora, justo ahora que te nombraron editor, ¿vas a renunciar?

—Bueno, no es tan glamoroso como parece, a veces se me hace un poco rutinario el tema. ¿No te pasa que hay días en los que te gustaría mandar todo a la mierda?

—No. Me pasaría eso si tuviera un trabajo que no me gusta, pero yo sé que a vos lo tuyo te apasiona, que vivís para eso, ¿o no?

—No tanto, ya estoy un poco desencantado te diría...

—Estás obsesionado, eso es lo que te pasa. Ese tipo te hipnotizó, no sé lo que te hizo, pero te dejó medio boludo. ¿Sabés cuántos pibes de tu edad darían un ojo de la cara por tener un laburo como el tuyo, y vos, así como si nada, me hablás de largarlo? Ah, y lo peor de todo es que no tenés otra oferta, simplemente renunciás para dedicarte a escribir y vivir del aire. Eso, a ver, ¿de qué pensás vivir en Miami?

—Bueno, ya te dije, Felipe me invita... Aparte, de última, estando allá consigo algo enseguida, no debe ser tan complicado.

—Claro que es complicado, no te olvides que yo viví en Los Ángeles dos años. Allá si no tenés papeles solo te toman de mozo o de chofer, y eso con suerte. ¿Me vas a decir que vos estás para servir platos? Disculpáme, pero yo no te veo...

—No, tenés razón, pero Felipe puede conseguirme algo allá, no sé, él tiene bocha de contactos, supongo.

—Felipe, Felipe, Felipe... todo Felipe —dijo como burlándose, y siguió—: "Felipe me invita a su casa, me mantiene, me consigue trabajo, me coge".

—No me jodas...

—Se ve que te pegó fuerte, querido. Pero tenés que ser más realista, no podés depender de este tipo, que encima tiene malos antecedentes. ¿O te olvidás de la perrada que se mandó en Lima y del mal rato que te hizo pasar en este último viaje? ¿Ya te olvidaste de eso?

—Sí, ya me olvidé, porque me pidió perdón y se arrepintió, y ahora está enamorado de mí, eso te lo puedo asegurar. Sorry, ¿vas a querer un postre?

—No, un cortado, por favor —le dijo bruscamente a la chica que nos atendía.

—Un cortado y la cuenta, ¿sí? Gracias —completé el pedido.

—Mirá —dijo agarrándome de la mano—. Yo te conozco muy bien. Vos te ilusionás, te hacés la película y después terminás hecho mierda. ¿No te pasó lo mismo con Diego? ¿No me decías que era un amor, que estaba loco por vos? Y al final terminó siendo un hijo de puta que te pateó de un día para el otro. ¿Y qué te salvó? Tus amigos, tu trabajo, pudiste concentrarte en otras cosas.

—Sí, en eso tenés razón...

—Y si te vas con este tipo que todavía no conocés muy bien, y un día estás allá, dependiendo absolutamente de él, y se pira y te manda al carajo, te deja en la calle, ¿qué hacés?

—No, eso es imposible. Aparte, si me llego a ir es con pasaje de vuelta y algo de guita que tengo ahorrada, que en dólares no es mucho, pero sirve en caso de emergencia, qué sé yo.

—Bueno, se ve que estás empacado, no voy a tratar de convencerte —se rindió.

—No, no estoy empacado, solo es una idea, una posibilidad.

—Yo sé que cuando algo se te mete en la cabeza no parás hasta darte un golpe.

—Puede ser.

—Bueno, tené cuidado entonces, que te puede resultar muy doloroso.

DIECIOCHO

vengo de comprar los bay blades para las niñas. estarán felices. seguro que estaremos juntos en año nuevo, me parece lindo, solos tú y yo, nada de tragos ni bulla, en algún hotel copado, no el hilton, que es demasiado fashion, no sé por qué extraño esa suite vieja del plaza, quizás allí no? o algún otro, no sé, el alvear puede ser, aunque tiene un aire a menem y la bolocco que me irrita. estoy bien, pero te extraño. besos. cuídate. ya te llamo.

¡Viene para año nuevo!, pensé mientras apagaba la computadora de casa. Ya estaba confirmado, arreglado, asegurado. En una par de semanas, o tal vez un poquito más, volvería a ver a mi chico latino. ¡Qué felicidad! Eran las diez de la mañana y en casa estaban todos con cara de culo. Será la hora, el clima, la temperatura, la insatisfacción sexual, quién sabe, lo cierto es que me miraban como no pudiendo tolerar mi sonrisa de oreja a oreja. Desayunaban en la cocina, todos juntos, repitiendo la misma rutina de cada día. Traté de ignorarlos, me serví un juguito de naranja y caminé apurado hasta el cuarto para arreglarme. Siempre demoraba al menos media hora en vestirme para ir a la revis. Y ese día no fue la excepción. Teniendo en cuenta el calor insoportable que hacía en la calle, como todos esos días de diciembre en Buenos Aires, elegí una remera blanca sin mangas de Zara que me quedaba un poquito ajustada (pero venía así, qué se le va a hacer), un pantalón celeste clarito ancho, de tela súper finita y con bolsillos a los costados de la misma marca, y unas ojotas de cuero blancas que había comprado en la liquidación de Gap en Miami. En el pelo me puse una mousse que traje también de Miami, con el poder fijador del gel pero la suavidad de una crema de enjuague, y me hice un peinado modernoso. Listo. Solo faltaba la crema Dove en las manos, el humectante de Mac en los labios, los anteojos para sol Dolce & Gabbana que me regaló Felipe, y en el dedo anular el anillo que les compré a los hippies en mi último viaje al Sur. Caminé silenciosamente por el pasillo para salir sin que mis parientes me vieran y empezaran a criticar mi look, como hacen siempre, pero en la puerta de entrada me agarró mamá y empezó: "¿A dónde vas así vestido? ¿Qué te hiciste en el pelo? ¿No ves que son las diez de la mañana? ¿Pero en qué clase de oficina trabajás que te dejan llevar esa ropa de maricón? ¿No te da vergüenza andar así por la calle? Yo no sé, seré muy anticuada, pero me parece que deberías ponerte algo más decente, ¿no te parece?". Y yo: "Mamá, no jodas, si no te gusta no me mires". Y ella de nuevo, ahora ofendida: "No me hables así, que mientras vivas en esta casa vas a hacer lo que yo te diga". Y yo, molesto, justo antes de dar el portazo final: "No te preocupes, que ya falta poco, en cualquier momento me voy y no me vas a ver más".

En el auto solo pensé en Felipe, en fugarme con él a Miami, en escribir, en que pasaríamos Año Nuevo juntos y eso nos mantendría tan unidos que jamás volveríamos a separarnos. Imaginé que me secuestraría, me llevaría a su casa y disfrutaríamos de nuestra envidiable vida de escritores gays que encuentran inspiración frente a las cálidas y transparentes aguas de la Florida. Cuando llegué a la redacción saludé con un beso en la mejilla y cara de feliz cumpleaños a todos mis compañeritos de trabajo, que estaban chochos porque era viernes. Intercambié elogios de ropa y peinado con las chicas y comentarios sobre el estado del tiempo con los chicos. Me senté en mi escritorio. Sonó el interno, era Mariana gritando como una vaca a punto de ser sacrificada: "¡Martín, hoy es la producción de moda con Julieta Prandi, y todo el equipo la está esperando en el estudio hace una hora! ¿Hablaste con el representante? ¿Le dijiste que era a las once, como habíamos quedado?". Quedé pasmado, odiando a la gorda y sin saber qué contestar. Abrí la agenda, decía *Viernes 8, 15 hs. Producción con la Prandi*, y me apuré a contestar: "Acá yo tengo anotado que era a las tres, así que va a caer a esa hora", y la chancha, hirviendo: "¡Pero te dije que se pasó para las once!". Entonces, indignado, seguro de que era ella la que mentía, de que estaba tan loca que se olvidó de avisarme del cambio de planes, le grité más fuerte: "¡No me dijiste nada, te habrás olvidado!". Y ella: "¡Sí te dije, y no me grites!". Y yo: "Te grito todo lo que quiero, si vos estás mal de la cabeza es problema tuyo", y corté. La odié por mentirosa, por ser una boluda que se olvidaba las cosas y me hacía cargo de sus cagadas. Quise subir a su oficina y mandarla a la mierda, meterle la renuncia por ese orto extra large que me daba náuseas, decirle todo lo que me guardé en los cuatro años que llevaba sometido a sus putas órdenes. Pero no me animé. Había mucho en juego. Ser desempleado en Buenos Aires era uno de los temores más grandes de la clase media, una cruz que nadie quería cargar. La sola posibilidad de salir a golpear puertas, de tener que pedir, rogar, para que me dieran un laburo, me aterraba. No subí a hablar con mi jefa. Lo único que hice fue ir con el chisme a las chicas de arte para descargarme y reírnos todos juntos de los ataques de

Marianita la histérica. Cuando volví a mi máquina tenía dos mails nuevos. El primero me hizo dejar a un lado todos mis problemas.

hola, mi amor. acabo de despertar, es mediodía. sería genial que te tomes febrero, así podríamos estar tu mes entero de vacaciones juntos. mi plan es así: puedo estar con vos en buenos aires del 27 de diciembre al 5 de enero. en principio, el 5 de enero tendría que irme con las niñas a miami, así lo quiere zoe. volvería con ellas a lima el último día de enero porque el 1 de febrero tengo que estar con la tele en viña del mar. eso nos permitiría estar juntos, qué sé yo, del 1 de febrero al 20 de febrero, entre viña y santiago y quizá buenos aires. no sé. lo que sea mejor para vos. pero yo feliz de verte más tiempo, todo el que pueda. te amo. gracias.

Me apuré a buscar un calendario, empecé a contar los días y cuadrar las fechas. Faltaban poco más de dos semanas para volver a verlo. Comenzaba la cuenta regresiva. Estaba feliz, excitado, ansioso. Todo lo demás dejó de importarme y pasó a ser parte del tiempo de descuento en que se había convertido mi vida cada vez que Felipe estaba lejos. Esa noche era la fiesta de apertura de la temporada verano 2003 de Bacardi. Me acompañó Gonza, que siempre se prendía a todos mis eventos de la revis. Antes de salir chequeé mails en casa y me encontré con otro mensaje de Feli, que me derritió.

extraño tu mirada, tus silencios, tu cuerpo cálido en mi cama, tus labios. te amo.

Felipe estaba demasiado amoroso. Cuanto más tiempo pasábamos sin vernos, más cariñoso se ponía. Esa noche fuimos con Gonza en mi auto desde San Isidro, escuchando música electrónica a todo volumen y parando al lado de cada auto con chicas. Aunque Gonza sabía de mi tema con los varoncitos, a los dos nos divertía mantener esa rutina de coqueteo automovilístico que ya se nos había hecho costumbre. Cuando llegamos, la fiesta estaba a full. El Bacardi circulaba en todos los sabores y colores posibles para que ningún invitado dejase de probar sus bondades. Gonza, eufórico, se mezclaba entre las promotoras y tomaba sin parar, poniendo a prueba su cabeza y su estómago. Yo me fui solo a dar una vuelta, a recorrer el lugar y a saludar gente, a ver con quién me encontraba. Mientras caminaba contento, me vi enfrentado cara a cara con Diego, el chico que me había dejado el corazón con agujeritos.

—¡Hey, hola! —dijo dándome un abrazo efusivo que dejaba al descubierto su avanzada borrachera.

Estaba un poco más flaco que de costumbre. El pelo, igual de rubio y súper corto. Sus ojos bien verdes, tipo esmeraldas, volvieron a encandilarme.

—Diego, ¿qué hacés? —pregunté nervioso.

—Bien, bien, disfrutando de la buena vida —contestó con ese aire suyo de superioridad que tanto me rompía las bolas.

—Bueno, que sigas bien —dije tratando de dejarlo atrás, igual que cuando me pidió que no nos viéramos por un tiempo.

—¡Pará, pará! —dijo agarrándome del brazo—. Me contaron que estás enamorado...

—Sí —dije orgulloso—. ¿Cómo te enteraste?

—Bueno, en este ambiente las noticias corren, vos sabés cómo es esto. Así que Felipe Brown... ¿Qué tal, es buena gente?

—Obvio. Si no, no estaría con él —respondí, fastidiado por su acoso.

—Mirá vos. Me imagino que ya habrás resuelto tus problemitas sexuales, ¿o me equivoco?

—Claro, nos la pasamos cogiendo todo el día —contesté, irónico.

—¿Seguro? No me estarás...

—Ah, no te conté —interrumpí—. Después de que pasemos el año nuevo y las vacaciones juntos me voy a vivir con él a Miami —me apuré a decir solo para darle envidia, arriesgándome a quedar como un mentiroso si mis planes no se cumplían.

—¡Ah, bueno, entonces ya te puedo decir "Miss Brown"! —dijo con una sonrisa falsa—. ¿No te parece que estás yendo un poco rápido?

—Y... es el amor —dije, imitando sus aires de superioridad.

Me miró como descolocado, nervioso, tratando de disimular el mal rato, y con cara de malvado se me acercó al oído y me dijo en secreto:

—¿No le gustaría cometer una infidelidad, señora de Brown? Si quiere puedo ayudarla —insinuó, tocándome el culo.

Hace unos meses hubiera dado mi vida por este momento, porque fuera Diego el que me deseara en su cama. Volví a tocar su cuerpo, oler su perfume, sentir su respiración. La oferta fue demasiado tentadora, era muy difícil negarse, pero la satisfacción de rechazarlo fue mayor que la de volver a tenerlo.

—Sorry, esta vez vas a ser vos el que se quede con las ganas —dije gozando cada una de mis palabras y dejándolo solo, perdido entre tanta gente bonita y confundida.

mi amor:
son las cuatro y cuarto de la mañana.
ya estoy en lima, en el hotel donde nos amamos a pesar de mi

cansancio y malhumor. me voy a dormir. que tengas un lindo
día. allá debe estar amaneciendo. falta tan poquito... estoy feliz
porque te compré un regalito navideño y porque has llenado mi
vida de una felicidad que no conocía. nunca había tenido un
boyfriend para darle un regalito por navidad.
te quiero. escríbeme.

—Apuráte, que necesito la computadora —dijo Florencia, mi hermana, con su implacable malhumor.

—Bajá un cambio, nena. Cuando termine te aviso, ¿ok? —contesté sin desviar la mirada de la pantalla.

—¿Quién te escribió, tu novio? —preguntó con un tonito sarcástico.

Yo me quedé helado, con el corazón en cero. ¿Había dicho "novio" o era mi imaginación? ¿A qué se refería? ¿A quién se refería?

—¿¡Cómo!? —pregunté nervioso, queriendo confirmar que todo había sido un error.

—Digo si te escribió tu novio, el de la tele —dijo con una sonrisita malvada, como disfrutando la escena.

—¿De qué hablás? —reaccioné, pálido por lo que acababa de escuchar.

—De tu amiguito Brown, no te hagas el tonto. ¿Por qué le dijiste a mamá que no se vieron en Miami?

—Porque no lo vi —mentí—. Es verdad que me llamó, pero no le di bola.

—No, no, no, Martincito, a mí no me vengas con esos cuentos. Si salieron tan lindos en las fotos...

—¿¡Qué fotos!?

—Las que se sacaron en Miami, caminando juntitos por Lincoln Road. Se veían tan lindos... —dijo riéndose otra vez.

—¡Sos una pendeja! ¡Me revisaste los cajones! ¿Pero no tenés una mierda que hacer? —grité enfurecido.

—Bueno, no te alteres, no es para tanto. ¿Qué onda el pibe, copado?

—¡Sí me altero, boluda! Me embola que te metas en mi cuarto y revises todo, ¿te gustaría que yo haga lo mismo?

—Pará, encontré las fotos sin querer, no estaba revisando nada, así que no te pongas histérico —se defendió—. Ahora contáme, ¿te trató de levantar el maricón ese?

—Un poco más de respeto, que yo no hablo mal del gorila de tu novio.

—...

Se quedó pensando, como tratando de hilar frases y sacar conclusiones. Después de un silencio eterno, estalló, ahora sin risitas, sin ironías. Más bien parecía indignada.

—¿Dijiste novio? ¿¡Sos homosexual!? —gritó.

—Callate, tarada, que te puede escuchar mamá.

—¡No me callo nada, contestáme!

—¿Pero vos sos o te hacés? Con todo lo que acabamos de hablar, ¿te queda alguna duda?

—Yo te estaba jodiendo, cuando vi las fotos pensé que eran amigos y el tipo te quería levantar, pero nunca me imaginé que vos... ¡qué asco!

—Bueno, no te alteres, no es para tanto. Felipe es divino, en serio.

—¡No sigas, que me da repulsión! —interrumpió—. ¡Lo único que falta es que me cuentes cómo cogen! —exageró.

—Pará de decir gansadas, ¿querés?

—No puedo creer que seas... gay —le costó decirlo, como si se tratara de una mala palabra, de algo prohibido—. ¿No pensás casarte, tener hijos?

—Vos tenés la cabeza cuadrada, como todas las

boluditas de San Isidro. ¿Qué tiene si no me caso, cuál es el problema? —me defendí.

—No sé, no sé. Es verdad, soy una boludita que no entiende nada, así que mejor me callo —dijo, ofendida, mientras salía del cuarto.

—¡Flor, pará! Una última cosa.

—¿Qué? —volteó.

—No le digas nada a mamá —le pedí en tono culposo.

—No te preocupes, no le pienso dar ese disgusto —sentenció, y se fue dando un portazo.

"Esta noche es Nochebuena y mañana Navidad", decía un banner colorido que titilaba en mi cuenta de mails. ¿Y a mí qué carajo me importa?, pensé. La navidad siempre me pareció una reverenda huevada, una fecha en la que todos corren alterados buscando regalos, reventando los shoppings y peleándose por quién come en la casa de quién. El episodio de esa mañana con Florencia y las fotos del crimen me habían dejado muy mal. Me sentía culpable, nervioso, con temor a que alguien más se enterase en casa y se fuera todo a la mierda. Flor era la primera persona de la familia en saber de mi condición de puto, y a eso había que agregarle "viviendo un romance clandestino con estrellita de TV latina trece años mayor, separado y con dos hijas". ¿Qué tal? ¿Cómo lo tomaría mi santa madre? ¿Qué le dirían "las chicas" del club, sus amigas de la fundación, sus compañeras de la misa diaria? ¿Y papá? ¿Se daría por fin cuenta de por qué nunca me gustó el rugby? Mejor ni pensarlo. Solo me quedaba rezar para que la huevona de mi hermana mantuviera cerrado el pico.

Pasamos la Nochebuena en casa. Fue más aburrida que de costumbre, o tal vez así la veía yo ahora que me sentía cada vez más alejado de toda esa paparruchada navideña. Vinieron mis tíos, mis primos y mi abuela. Mamá encargó el mismo pavo de siempre, con ese cabello de ángel a los costados que me daba un asco mortal. Florencia no me sacó los ojos de encima, manteniendo una mirada acusadora que decía "conozco tus pecados", y yo, culposo, trataba de ignorarla y sacaba temas de conversación que me desviasen del asunto. Unos minutos antes del deprimente brindis de las doce, mamá rezó unas oraciones en voz alta y nos invitó a que pidiéramos "un deseo al Niño Jesús en el día de su nacimiento". El que quería lo decía en voz baja, y el que no, cerraba los ojos y ponía cara de constipado. Mi abuela rogó por la salud de todos y la unidad familiar. Mamá, por el bienestar de sus hijos y los bebés de la fundación. La ronda siguió y casi todos dijeron alguna boludez que los hizo quedar bien, salvo mis primos más chiquitos, mi hermano menor y un par de tíos, que prefirieron guardarse las palabras. Cuando llegó mi turno no dije nada, cerré los ojos, puse cara de concentración, y pensé: no me jodan con esto de los deseos navideños, que ese cuento no se lo cree nadie. Aunque, bueno, si insisten en que pida algo... Mi deseo para esta Navidad es irme a vivir con mi novio a Miami. ¿Será posible, Jesusito?

Después del brindis me quedé esperando el llamado de Felipe, pero los minutos pasaban y mi celular seguía mudo. Sonó a las doce y media, era Gonza invitándome a una fiesta. No quise ir. La sola idea de salir a la calle con todo el mundo borracho, festejando quién sabe qué y gritando "¡Feliz Navidad!" como desaforados me daba terror. Seguí esperando con el teléfono en la mano, pero nada. Antes de dormir hice un último chequeo de mails. Ahí estaba su mensaje, que me emocionó hasta las lágrimas.

mi amor:

yo tampoco había amado a nadie en navidad como esta noche. te he extrañado mucho. me voy a dormir. solo quería decirte que has estado conmigo toda la noche y que me haces muy feliz. te amo. eres mi hermano. cuenta siempre conmigo. duerme rico. pásala bien. feliz navidad.

Al día siguiente, mi única preocupación era cómo les iba a decir a papá y mamá que no pasaría con ellos la noche de Año Nuevo y, sobre todo, qué cuento les iba a inventar para justificar mi huida al Plaza con Felipe durante los próximos diez días. Miguel, uno de los chicos del centro, fue la mejor opción. La última semana del año con amigos en su casa de campo sirvió como excusa perfecta para que nadie en casa se intranquilizara ante mi ausencia. "Pasala bien, y no tomes mucho", fueron los consejos de mamá. "Chau, hijo, divertite. Ojo con el alcohol", dijo papá entre risas. Ninguno de los dos le dio demasiada importancia al asunto. Ninguno notó mi alegría, mi excitación. Ninguno se imaginó que en unas pocas horas me encontraría con el hombre al que tanto amaba.

DIECINUEVE

La vieja suite del hotel Plaza sirvió como punto de reencuentro. Ahí nos conocimos y decidimos que ese sería el mejor lugar para volver a vernos. Felipe llegó con una valija llena de regalos de navidad, en la que no faltaron perfumes, relojes y un par de remeras de Gap. Estaba más flaco, tenía la barba crecida y la remera pegada al cuerpo. Al verlo así confirmé lo mucho que me gustaba, cuánto lo deseaba. Nos abrazamos, nos besamos y terminamos echados en la cama gozando con la reunión de nuestros cuerpos.

—¿Qué tienes pensado para mañana? —preguntó después de la acción—. ¿Sigue en pie lo de la fiesta de tu amiga?

—No es una fiesta privada, es una comida en un restaurante de Puerto Madero —le expliqué mientras me vestía—. Solo hay que reservar una mesa y listo. Mi amiga va a estar con su familia.

—Ah...

—Puede ser divertido, me dijeron que va a ir gente copada, muy cool. ¿Qué te parece?

—No sé, lo que te haga feliz —dijo con poco entusiasmo, como si todo le diera igual.

—Ok, reservo la mesa, seguro te va a gustar.

Al día siguiente fuimos a Zara con la excusa de que

debía comprarme algo para usar la noche de Año Nuevo. El local estaba lleno de mexicanos, chilenos y otros latinoamericanos que aprovechaban la devaluación argentina para arrasar con todo lo que se les cruzara por el camino. Yo estaba con un peruano, un peruano que vivía en Miami, tenía dólares y solo quería hacerme feliz. Vaciamos la tienda. La tentación fue incontrolable. Cada cosa que veía, cada prenda que me llamaba la atención, todo terminaba en la caja listo para irse conmigo. Mientras me retorcía el cuello frente al espejo tratando de ver qué hacía un pantalón de lino blanco con mi parte de atrás, Felipe se metió conmigo en el probador y empezó a ponerse y sacarse todas las camisas que encontró. Yo seguí probándome cosas, entrando y saliendo del mismo vestidor que mi chico. La escena no podía ser más gay. Todo el mundo empezó a mirarnos, algunos con simpatía y otros con un odio evidente. Pero la mayoría con envidia, porque nos estábamos comprando todo sin siquiera reparar en los precios. Entre los espectadores había una vieja gorda emperifollada que se nos acercó con cara de orto: "Si siguen dando un espectáculo tan desagradable, los hago echar", dijo en un indescifrable acento centroamericano. Felipe se rió y pareció ignorarla, pero a mí la vieja me buscó y me encontró, me sacó de las casillas: "¿Por qué no te metés en tus asuntos y me dejás de romper las bolas, gorda de mierda?", le espeté, y la mujer, pasmada primero y enfurecida luego, empezó a gritar con un tono histérico reclamando al personal de seguridad, haciéndose la que le faltaba el aire, fingiendo un desmayo: "¡Guardias, me están agrediendo, esos dos maricones quisieron levantarme la mano!", chilló desesperada. Felipe, muerto de vergüenza ante semejante espectáculo que lo tenía como protagonista, molesto con mi reacción, me agarró fuerte del brazo pidiéndome al oído que pagáramos y nos fuéramos enseguida. "Que no se vuelva a repetir, al menos delante mío", dijo una vez afuera, con una expresión que daba miedo. Era la primera vez que lo veía tan enojado conmigo, como si me odiara, como si estuviera arrepentido de estar ahí por mí. Me quedé helado, sin nada que decir. Me sobrevino la angustia, esa maldita sensación de haber metido la pata, de la cagada irreparable. Empecé con un llanto leve, contenido, y terminé en un mar de lágrimas que no pude controlar. Me quedé callado, evitando el enfrentamiento, la defensa, el argumento. No pude hacer nada.

—No llores, mi niño, lo siento —dijo abrazándome.

Yo, nada, las palabras no me salían.

—Ya, perdóname, no quise lastimarte —siguió.

—...

—Lo siento, lo siento —repitió.

—Todo bien, ya está, olvidáte —le dije, y comprendí que no tenía sentido seguir ofendido.

El pantalón a rayas, la remera color camel y las sandalias de cuero marrones... perfecto, pensé mientras me miraba frente al espejo. Terminé de arreglarme el pelo y bajé. Felipe me esperaba en el lobby hacía diez minutos, ya un poco inquieto por mi tardanza. Llevaba un pantalón clarito de Banana Republic, una remera blanca y una casaca color habano súper liviana que había comprado en Zara hacía unas horas. "Te ves muy guapo", dijo al verme. "Ven, vamos, que se hace tarde".

El restaurante de Puerto Madero nos encantó. Las luces bajas, las velas encendidas, la música ambiente, la decoración súper minimalista, la mesas blancas, todo parecía perfecto. Nos sentamos en la barra a tomar algo antes de empezar a comer. A los cinco minutos tuve que hacer la visita de rigor al baño. Mientras atravesaba el salón principal me vi obligado a correr a esconderme detrás de una columna. Qué mierda hace Ignacio acá, pensé, alteradísimo, con el corazón a mil revoluciones. Di una vuelta entera al lugar, pasando por la puerta hasta llegar nuevamente a la barra evitando cruzar el salón.

—Tenemos que irnos de acá —dije nervioso.

—¿Qué pasa, te sientes mal? —preguntó Felipe, con cara de preocupación, agarrándome con sus dos brazos.

—Allá, en una mesa —dije señalando el salón—, allá está Ignacio, mi hermano, con su mujer y sus suegros... ¡Me tengo que ir!

—Cálmate, ¿cuál es el problema?

—¡Cómo que cuál es el problema! Les dije a mis viejos que me iba a una quinta con amigos. ¡Mirá si se enteran que estoy acá, y encima con vos!

—Nunca pensé que yo te daba tanta vergüenza... —dijo ofendido.

—No te hagas el boludo, sabés que en mi casa nadie sabe nada... ¡please, vamos!

—Tu hermana sabe.

—Sí, pero no es lo mismo, si me ve Ignacio se pudre todo, en serio.

—¿Y a dónde vamos a ir a esta hora? Son las diez de la noche, Año Nuevo...

—No sé, pero salgamos de acá.

El hotel fue la opción más segura. Terminamos en el balcón de la suite con el menú de Año Nuevo convertido en room service. Desde nuestro piso se veía toda la plaza San Martín y gran parte de la zona céntrica de Buenos Aires, que ya comenzaba a ser iluminada por los primeros fuegos artificiales.

—Creo que debes dejar de mentirle a tus padres, no puedes vivir así —dijo, todavía un poco molesto por el episodio anterior.

—Sí, tenés razón, pero no sé cómo hacer. Tengo miedo de lastimarlos.

—Eso suena como una buena excusa, "no se los digo para no herirlos", pero me parece que no lo haces por miedo.

—Puede ser... pero mientras viva con ellos creo que lo mejor es que no se enteren de nada, sería muy incómodo, ¿no te parece?

—Sí, tiene sentido… Entonces no vivas más con ellos.

—Como si fuera tan fácil...

—Yo te ayudo, ¿quieres que alquilemos un depa en Buenos Aires?

La oferta sonaba tentadora, pero no, no me daba para tanto. Si Felipe me ponía un depto, ése sería el último paso para recibirme de putita mantenida. No podía caer tan bajo.

—¿Estás loco? —dije haciéndome el indignado—. Cuando me mude será a un lugar mío, ¿ok?

—No olvides Miami, ya sabes que todo sigue en pie, cuando tú quieras.

—Lo estuve pensando, suena bien, aunque...

—¡Ya son las doce! ¡Feliz año! —interrumpió eufórico.

—¡Feliz año! —dije, y lo abracé y besé bien largo, bien fuerte.

—Te amo —dijo mirándome a los ojos.

—Yo también. Gracias por venir.

—No, gracias a ti por hacerme tan feliz —dijo mientras ponía el disco de Robbie Williams que le regalé para esa Navidad.

200

Empezó a sonar "Something stupid like I love you", la canción de Frank Sinatra que mi amado Robbie grabó con la divina de Nicole Kidman. Brindamos con champagne, nos pusimos a bailar abrazaditos y nos dijimos cosas ricas al oído.

—¿Cuál es tu promesa para este año? —preguntó.

—¿Qué, es obligatorio tener una?

—Claro.

Me quedé pensando.

—Voy a ser más audaz —dije—. Te prometo que este año seré más audaz —sentencié, y mantuve la mirada perdida en los fuegos artificiales que encandilaban el cielo de Buenos Aires.

VEINTE

te extraño. te amo. cuento los días para verte otra vez. salimos el martes a disney. te llamaré todos los días. debo llegar a santiago el jueves 30 o viernes 31 de enero. te haré una reserva para el sábado 1 de febrero, así nos vamos juntos a viña. todos mis besos son tuyos.

Primer jueves de enero. En Buenos Aires hacía un calor de cagarse que, sobre todo a media tarde, se tornaba insoportable. Lola me propuso ir a conocer su nuevo departamento para después salir a comer por Palermo. Obviamente, nuestro episodio de sexo no consumado en la fiesta de *Soho* había quedado en el olvido por mutuo acuerdo. El programa me daba fiaca, "lata", como dicen en Chile, pero no veía a Lola hace tiempo y tampoco tenía nada más interesante que hacer. Mi chico estaba de regreso en Miami, pasando las vacaciones con sus hijas en el maravilloso mundo de Disney. Y yo en Buenos Aires, esta puta ciudad, solo, aburrido, derritiéndome sobre el asfalto. Podría estar en Punta del Este con los chicos del centro, o en Pinamar con mis viejos, o de hippie recorriendo el Sur con Gonza, pero no, decidí postergar mis vacaciones y tomarme el mes de febrero, todo completito, para estar con Felipe, solos, sin que nadie nos joda la paciencia. Aunque todavía faltaba casi un mes, un eterno y caluroso enero que deseaba pasar lo más rápido posible.

—¿Te gusta? —preguntó Lola con ese tonito sensual que se le escapaba hasta en las conversaciones más triviales.

—¡Me encanta! Es re grande y luminoso —dije por compromiso. En realidad su depa me parecía una cueva de mala muerte.

—¿Viste?

—Y los muebles, ¡divinos! —volví a mentir.

—Los compré en una feria de San Telmo —dijo, como si estuviera orgullosa de semejante hazaña.

Con razón, pensé, por algo me había dado tanto asquito apoyar el culo en el sofá.

—Bancá cinco minutos que me doy una ducha y salimos, ¿ok?

—Sí, no te apures, todo bien.

¿Por qué no se habrá bañado antes?, me pregunté, molesto por la situación.

Pronto se encerró en el baño. Ese ambiente y la cocina eran los únicos separados del resto mediante una puerta. Lo demás estaba todo a la vista, formando parte del mismo espacio. Aunque últimamente la categoría de loft cabe para cualquier mamarracho que no tenga divisiones, a mí no me engañan: lo de Lola era un típico monoambiente de esos en los que la palabra intimidad no existe. Aproveché su ausencia para examinar el lugar. Las paredes eran blancas y estaban peladas, desabridas, sin cuadros ni fotos ni nada. Solo colgaba, al pie de la cama, un ridículo sombrero mexicano. No pude resistir la tentación de abrir el primer cajón de la mesa de noche, que, a mi entender, revela mucho de su dueño. Me aseguré de que la puerta del baño continuara cerrada, con doble pestillo y la ducha siguiera prendida. La sorpresa fue bastante desagradable: cuatro consoladores, de distintos tamaños y colores, descansaban listos para satisfacer las urgencias de su dueña. Sentí asco. Si bien no tengo nada en contra del uso de estos benéficos aparatos, la sola imagen de mi amiga gozando con un pedazo de plástico a pilas entre sus piernas me shockeó un poco. "Ya estoy", me dijo al rato, y yo, sin poder borrar de mi mente la escena de sexo ficticio entre Lola y sus consoladores, me apuré a abrir la puerta y llamar al ascensor.

El restaurante hindú naturista de Palermo Hollywood que eligió me hinchó las pelotas. Estaba lleno de intelectualoides/snobs/fashions de medio pelo que comían arroz integral con tofu y divagaban sobre el sentido de la existencia, aprovechando alguna que otra frase para despotricar contra Bush y sus políticas imperialistas y alabar la rebeldía comunista del maestro Fidel.

Lola habló de sus amantes, de todos y cada uno de ellos. Comparó tamaños, incluyendo longitudes y calibres, performances, niveles de experiencia y hasta olores y sabores. Cuando terminó su cháchara de presentadora de canal erótico que ya me tenía un poco cansado, empezó con el interrogatorio.

—¿Cómo vas con Felipe, ya cogen un poco más o siguen jugando al toco y me voy?

El comentario no me causó gracia.

—En eso estamos mejorando —respondí secamente, intentando eludir el tema.

—Pero los consejos que te di funcionaron...

—Sí, pero sigue siendo un quilombo. Que la crema anestésica, que el lubricante, que esta posición o la otra... Cómo explicarte, la mayoría de las veces unas buenas pajas mutuas son la mejor opción. Y eso no interfiere en el romanticismo, creéme.

—¿De qué romanticismo me hablás? Conmigo no hace falta que la sigas jugando de adolescente enamorado. Entre gitanos no nos vamos a tirar la suerte...

—¿Qué bicho te picó, nena? Claro que estoy enamorado, si no, no estaría pensando en largar todo para irme a vivir con él —dije irritado, como a la defensiva.

—Yo también le hice el verso a una par de vejestorios. No nací ayer, querido.

—Ok, pará, te estás equivocando. Yo no saco ningún provecho de Felipe, nada, en serio.

—¿Ah, no? ¿Y los viajes, y los hoteles cinco estrellas, y toda esa ropa que te compró?

Pensé la respuesta. Visto de ese modo su razonamiento tenía algo de sentido.

—Me compró ropa una sola vez, y los viajes son para vernos... ¡Es la única manera de vernos! —reaccioné.

—No te ofendas, no te estoy juzgando, para nada, simplemente te aconsejo. Yo te puedo enseñar. Mirá, esto es solo el principio, cuando ya acumulaste muchos regalos, después viene el auto, la primera conquista. Y con el tiempo, si aguantás, podés llegar al departamento propio... Yo estuve ahí nomás de enganchar uno, pero el tipo se avivó del asunto y me sacó cagando, ¡no sabés qué rabia!

—¿No entendés que no le saco guita? Al contrario, a veces me ofrece cosas y no le acepto —dije, orgulloso.

—¿Y Miami? —siguió—. Esa la hiciste bien, si te sale te vas a vivir a una casa de la puta madre al lado de la playa, a rascarte el ombligo por seis meses.

—La idea es escribir, no estar al pedo.

—¿Escribir? ¡Claro! —dijo sacando unos pañuelos de papel de su cartera— Esa es buena, con los contactos que tiene Felipe podés limpiarte el culo con esto —hizo un ademán con uno de los pañuelitos— y dárselo para que lo presente en una editorial, que te lo publican seguro.

Esa fue la gota que colmó el vaso. Ya no estaba dispuesto a aguantar los comentarios de esa sexópata chupasangre. No dije nada. No le contesté mal ni la insulté, simplemente me levanté con la excusa de ir al baño y, sin que me viera, caminé hasta la caja, dejé un billete y salí de ese lugar apestoso.

En el auto, camino a casa, me pregunté una y otra vez, confundido y con un poco de culpa: ¿estaba realmente enamorado de Felipe Brown, o seguía con él por interés?

Faltaban solo dos días para mis vacaciones. El sábado 1 de febrero a la mañana viajaba a Chile, donde me esperaría Felipe para que pasáramos juntos todo el mes. Estaba muy ilusionado con la idea. Contaba los días (y a esta altura, las horas) para el momento de la partida. Otra vez tuve que inventar una historia para papá y mamá. No le hice caso a Felipe, no me atreví a contarles la verdad. Esta vez les dije que me iría de vacaciones a Chile porque mi amiga Ana, que vivía allá hacía un tiempo, me había invitado a pasar unos días con ella, y de ahí me iría a conocer el volcán de Pucón y a hacer un poco de turismo aventura.

"¿Pero cómo te vas a alojar en la casa de una chica que vive sola? ¿No tiene novio?", preguntó mamá, confundida, mientras yo pensaba: Qué pelotudo, por qué me habré inventado una excusa tan gay, y volví a mentir, rápido: "Pasa que en lo de Ana vamos a ser un montón de argentinos, un grupo grande, no voy solo, ¿cómo se te ocurre?". Y ella, incisiva, molesta: "¿Qué es eso, un reality show? Ni quiero pensar en lo que puede hacer esa gente rara con la que andás últimamente". Entonces yo, hinchado las pelotas de tener que estar dando tantas explicaciones a mi edad, le contesté, ya de mal humor: "Me voy, y si no te gusta, lo lamento, problema mío, ¿ok?". Estaba todo listo, el pasaje comprado y a solo dos días de subirme al avión. Ese día no pude chequear mails porque había estado boludeando en el centro con Gonza. A la noche, muerto ya de cansancio, prendí la compu de casa y me conecté antes de ir a dormir. Tres mails: dos trash y uno de Felipe.

buenos días. todo bien? he dormido algo mejor, después de tres noches fatales. sigo medio resfriado. el clima, inusualmente frío. ayer hizo un frío insólito para miami. no sé cómo decirte esto: ¿te molestaría cambiar la fecha del viaje? me explico: tengo que estar en viña el viernes por una rueda de prensa. será un día duro: muchas entrevistas. el sábado, que tú llegarías, tendría que ir a santiago a buscarte y a la noche tengo la grabación, que, tú sabes, me tendrá atento a eso. quizás sería más relajado y rico para los dos que vengas unos días después, así puedo ir a santiago a buscarte y, en principio, hasta el nueve, o sea hasta el siguiente domingo, no tengo grabaciones. ¿te parece bien? ¿o te molesta? igual no tenemos que decidirlo ahora, podemos ir viéndolo como viene. si prefieres viajar el sábado, yo feliz, pero quizás no podría ir a buscarte a santiago y te mandaría un chofer a buscarte al aeropuerto.

besos. que tengas un lindo día. te quiero.

¿Otra vez me cambia la fecha?, pensé, indignado. Y eso que le dije, antes de sacar el pasaje, que si prefería viajaba unos días depués para darle un descanso. Pero él no quiso, me dijo que no había problema, que tenía muchas ganas de verme, que por favor viajase el sábado. ¿Está mal de la cabeza este tipo? Esa fue mi primera reacción, aunque el mail de respuesta sonó mucho más suave.

mi amor:

no te preocupes, viajo el sábado y me quedo un par de días en lo de mi amiga ana, en santiago, y luego yo me ocupo de ir a verte a viña. cambiar el pasaje a esta altura es un lío que prefiero evitar. besos, te extraño.

Puse "send" y no le di más importancia al asunto. Estaba seguro que Felipe me diría: "No importa, está todo bien, mejor te recibo el sábado y ya". Pero al día siguiente todo empeoró.

gracias por escribirme con tanto cariño. yo también te extraño. me sorprendió un poco que quieras viajar de todas formas. solo estaba buscando acomodar las cosas bien y buscar una cierta armonía. estoy un poco cansado y necesito estar unos días solo después de dejar a las niñas. pensaba anoche que llevo semanas sin estar solo: una, la gira enloquecida, que fue muy tremenda. luego, diez días contigo en buenos aires, tan lindos, y enseguida estas tres semanas con las niñas. será por eso que necesito unos días para mí, para dormir sin preocuparme por nadie más y tener tiempo para leer y mimarme un poquito. si esto te molesta, lo siento de veras, pero necesito llegar a chile solo y acomodarme bien. solo te pido que me esperes un poquito y que hagamos un cambio en la reserva —es solo una llamada— y ya está. que tengas un lindo día. besos.

No contesté. Salí de la oficina y me subí al auto, sin dejar de pensar en la mejor respuesta para Felipe. "¿Necesito estar unos días solo? ¿No pensar en nadie más? ¿Mimarme un poquito?" ¡Forro! Ya me lo hizo en Lima y en Miami. Me tiene harto con sus caprichitos y aires de estrella. ¿Qué hago? ¿Lo mando a la mierda y no voy? ¿Le digo que está todo bien y viajo cuando él quiera?

Llegué a casa, fui directo a la cama, me acosté y empecé a llorar. Me descargué, pero no lo suficiente como para ceder. Prendí la compu y contesté el mail.

si querés estar solo, no hay problema, a mí me da igual. solo te pido que para la próxima me avises con más tiempo sobre tus repentinos cambios, así puedo organizar mejor mis únicas vacaciones del año. y si tanto te molesta que vaya, todo bien, armo algo con mis amigos y listo. mimáte mucho.
bye.

Envié el mensaje y me mantuve conectado. A esa hora, Felipe siempre estaba leyendo los diarios por Internet, así que con suerte lo enganchaba. A los cinco minutos tuve una respuesta.

no sé qué decirte. no quiero decir una sola palabra fea o crispada. te quiero mucho y también necesito llegar solo a chile y acomodarme bien. eso es todo. es muy simple. entiendo tu fastidio y lo siento de veras. me encanta mimarte pero ahora quiero mimarme un poquito yo. espero que podamos vernos en una semana. si te impacientas y tienes un plan mejor, yo te quiero igual. abrazos.

Pasó un día entero sin ningún tipo de comunicación entre los dos, 24 horas que se me hicieron eternas. La idea de decir "basta", de terminar con todo, de no verlo nunca más, estaba cada vez más presente. Pero las ganas de que me dijera que me extrañaba, que quería verme cuanto antes, eran más fuertes. Igual que cuando me plantó antes de ir a Miami.

—¿Hola? —atendí el celular.

—¿Cómo estás? —preguntó Felipe en el teléfono.

209

—Bien, tranquilo —contesté seco, indiferente—. ¿Vos?

—Mucho mejor. Anoche llegué a Santiago y finalmente pude dormir.

—Ah.

—Y tú, ¿qué me cuentas?

—No, nada.

—Llamé a LanChile y ya es tarde para cambiarte el pasaje, así que...

—Ya sé, yo también llamé, no te preocupes.

—No me preocupo, simplemente quería decirte que estaré encantado de que vengas el sábado, ¿te parece?

—No sé, no quiero complicarte —contesté, todavía un poco ofendido.

—No me complicas, ya te reservé una habitación al lado de la mía, y María Paz vendrá, así que se ofreció para ir a recogerte al aeropuerto y llevarte a Viña.

—Ahora no te puedo dar una respuesta, dejáme pensarlo —dije, haciéndome el difícil.

—Como prefieras. Solo quiero que sepas que yo estaré feliz de que vengas, y que tienes el pasaje y el hotel a tu disposición.

—Gracias.

—De nada.

—...

—Bueno, te dejo porque vienen a hacerme una entrevista. Chau, te quiero.

—Chau.

VEINTIUNO

—¡Martín!

—Hey, María Paz, ¿cómo estás? —dije abrazándola y dándole un beso en la mejilla.

—Bien, ¿y tú? ¿Cómo ha estado el vuelo?

—Perfecto. Gracias por venir a buscarme, sos un amor.

—Ya, un placer. Ven, dejé el carro por allá —dijo adelantándose.

La seguí hasta su auto, un Passat verde oscuro divino. Ella también estaba divina, toda de blanco, impecable, súper elegante y sexy, como siempre. Ya en la ruta a Viña puso un disco de Kylie, cosa que me fascinó, y manejó a toda velocidad.

—Tuve que regañarlo al Felipe por la perrá que te hizo —dijo, alzando la voz para ganarle al estéreo.

—Ah, te contó.

—¿Cómo se le ocurre, después de no haberte visto casi un mes? Yo, si me hacen eso, no lo perdono, jamás.

—Bueno, él es así, vos sabés. Pero son muchas más las cosas buenas que las malas, ¿no te parece?

—Claro, Felipe es un amor, tan bueno, tan sensible. Y te ama, muere por ti.

—¿Te lo dijo? —pregunté intrigado.

—Yo lo conozco muy bien, puedo darme cuenta de esas cosas. Está súper feliz contigo.

—¿Y por qué me dijo que viniera más tarde? ¿Cuál es el problema? Porque no es la primera vez que me lo hace...

—Yo sé. Es que el Felipe le tiene terror al compromiso, ése es su problema. Y es un maniático, le gusta estar solo, leer, dormir, no llamar a nadie, no atender el teléfono...

—Un plomo.

—¿Qué?

—Un plomo, un pesado.

—Ah, ya, un pesado total. Es que no nació para estar en pareja.

—...

—Después de tantos años con Zoe, su ex mujer, terminó cansado el pobre. Y el divorcio ha sido para él una liberación, imagínate. Ahora quiere estar solo. Bueno, me refiero a la convivencia, no a la relación que tienen ustedes dos. No me malinterpretes.

—No, claro, entiendo —dije, haciéndome el boludo, tratando de que María Paz no se diera cuenta de que cada palabra suya dolía, y mucho.

—Fíjate que está tan paranoico con el tema que una vez me contó que después de lo de Zoe se había jurado no volver a enamorarse nunca más. Como que se ha puesto una barrera, ¿cachai?

—Sí, él en cierta forma ya me lo explicó. Pero a veces está súper amoroso, y hace planes, dice que quiere comprar un depa en Buenos Aires para que estemos más cerca, o hasta me asegura que cuando quiera puedo ir a vivir con él a Miami. ¿No es raro?

—Él es así: se ilusiona y te hace ilusionar. Pero no para engañarte, nada que ver, si es un amor, demasiado bueno, pero a veces no mide sus palabras, de bueno nomás.

—Claro, entiendo, pero para mí es complicado.

—A ver, dime, para que no te confundas —dijo tratando de mirarme a los ojos sin perder de vista la carretera—. ¿Qué pretendes con Felipe? ¿Estás enamorado?

Me quedé pensando unos instantes, hasta largar una respuesta un tanto arriesgada.

—Creo que sí... —contesté, algo tímido.

Siguió prestando atención al camino y se quedó callada. Su silencio se me hizo interminable.

—¿Qué pasa, dije algo malo? —pregunté, inquieto.

—No, para nada —respondió—. Te entiendo, yo también podría enamorarme de un hombre como él.

El hotel del Mar, en Viña, era uno de los más lujosos de Chile, y sin duda el más sofisticado del famoso balneario. La entrada y los alrededores estaban llenos de gigantografías de Felipe, que promocionaban su programa de televisión grabado desde el auditorio del hotel, donde entrevistaría a Fito Páez, Miguel Bosé, Diego Torres y algunos de los más reconocidos artistas chilenos. Cuando llegué me emocioné al ver su cara estampada en todos lados. Luego de saludar a mi chico, me registré y subimos a mi habitación, que estaba al lado de la suya.

—¿Te gusta? —preguntó mientras me hacía cariñito en el cuello.

—Espectacular, ¿cómo no me va gustar?

—Qué bueno, porque la tomé solo para ti.

—¿Para mí solo? ¡Pero es muy grande! ¿Por qué no la compartimos?

—Yo tengo la mía, justo aquí al ladito, que es igual. Mejor así, que cada uno tenga su cuarto, su cama, para dormir mejor, ¿no te parece?

—Claro que me parece, pero te va a costar el doble...

—No importa, yo pago por dormir bien. Además, son

tus vacaciones, y yo te invité, así que no me discutas —dijo besándome la espalda, el cuello, los hombros.

—Gracias, pero me hacés sentir culpable.

—No sigas con eso.

—Ok, como quieras.

—Bueno, ahora me tengo que ir a preparar el programa de esta noche.

—¿Ya? —pregunté desilusionado.

—Sí, hay mucha gente involucrada, no puedo fallar. Aprovecha para descansar, o si quieres puedes ir a la piscina con Mari, que está tomando sol.

—Ok.

—¿Vas a estar bien?

—Sí, obvio —respondí antes de darle un besito de despedida.

Pasé la tarde durmiendo, escuchando música y recorriendo las instalaciones del hotel, que no dejaban de sorprenderme. La decoración era súper moderna, muy revista *Wallpaper*, con muebles en madera oscura de líneas geométricas, mucho cemento alisado y detalles de mármol blanco en pisos y paredes. Después pasé otro rato con María Paz en la pileta.

El estreno de esa noche en la tele fue un éxito. La fama de Felipe en el país vecino me abrumaba, me recordaba que estaba saliendo con una estrella, y que yo, a su lado, no era nadie. Después del programa fuimos a comer al restaurante más caro del hotel. Puro lujo. En la mesa se sentaron María Paz y una amiga actriz que la acompañaba; el escritor Julio Santamaría y su novio, un argentino ex tripulante de Aerolíneas; Javi Edwards (hijo de uno de los hombres más ricos de Chile, que esa noche estaba todo vestido de Versace) y Cecilia López, la gerente del hotel, que se autoinvitó sin pudores. Javi se sentó a mi lado y empezó a hablarme y coquetearme.

Tenía cerca de veinte años y destilaba glamour con su ropa y sus accesorios de diva del pop. Cuando Felipe vio que Javi me hablaba, se acercó, me abrazó, me dio un beso y le dijo, con una mirada un poco cínica:

—¿Ya has conocido a Martín, mi boyfriend?

—Sí —contestó Javi, incómodo—. Es un encanto.

—¿Has visto?

Mientras Felipe me acariciaba para poner al niño rico en su lugar, sentí la mirada fulminante de la López, que con sus ojos de cucaracha resentida comenzó a estudiarme con odio desde la otra punta de la mesa. No me habló en toda la noche, solo se dedicó a observarme con su cara de arpía.

Al terminar la comida, subimos todos juntos hasta el piso quinto, donde estaban nuestras habitaciones. María Paz invitó al grupo a seguir la fiesta en su cuarto. La mayoría aceptó, salvo Felipe, que se despidió muy amablemente alegando estar muerto de cansancio por el show. Me invitó a acompañarlo a su cama, pero la López se pegó a él como mosca, incluso cuando todos se fueron con Mari. "¿Qué van a hacer ahora?", preguntó la cucaracha, sin querer darse cuenta de que estaba de más, de que yo me iba a la cama con Felipe y que ninguno de los dos tenía ganas de su compañía. Me sentí incómodo, no supe qué decir, cómo reaccionar. Felipe le contestó, luego de un incomodísimo momento de silencio: "Nada, vamos a dormir", y abrió la puerta del cuarto, como diciendo "andáte", pero ella, ensimismada, amagó meterse, a entrar con nosotros, y Felipe, muy cínico, le cerró la puerta en la cara, dejándola afuera. "Solo quiero estar contigo", me dijo sonriendo. Me sentí feliz, como una groupie que se iba a la cama con su estrella de rock.

Al día siguiente, me levanté a las diez y media y bajé a desayunar, solo, obviamente, porque Felipe no funcionaba hasta después de las dos de la tarde. En el bar del hotel me encontré con Javi Edwards, el niño rico, que desayunaba con un amigo en la única mesa con vista directa al mar.

—Javi, ¿cómo vas? —me acerqué a saludar.

—¡¿Cómo tai?! —gritó, efusivo, dejando la silla y parándose para abrazarme.

—Bien, tranquilo.

—Ya, siéntate. Él es mi amigo Charly, llegó esta mañana de Santiago.

—¿Qué tal? —le di un beso en la mejilla.

Charly era un clon de Javi: la misma ropa, el mismo perfume, el mismo nivel de superproducción. Aunque era más lindo: un poco más alto, medio rubiecito, la piel tostada y un cuerpo agradable.

—Bien, ¿y tú? —dijo con su voz suave.

—Bien, gracias.

—¿Café? —interrupió el mozo, envuelto en su traje de pingüino.

—Sí, gracias, con un poco de leche, por favor —respondí.

—¿Y Felipe? —preguntó Javi, mientras tomaba con la delicadeza de una diva el jugo de zanahorias que había mandado hacer especialmente.

—No, Felipe duerme hasta después del mediodía, por lo menos.

—¿Y qué vai a hacer? ¿No ti aburrí solo?

—No, supongo que iré a leer a la pileta.

—¡Ay, qué lata! —intervino Charly

—¿Alguna vez te hai tirado la suerte? —dijo Javi, tan rápido que no entendí de qué me hablaba.

—¿Cómo?

—Si hai ido a una bruja.

—Ah, no —respondí, mientras pensaba en la falta de sentido de la pregunta—. ¿Por?

Antes de que terminara de contestar, Javi estaba discando un número en su celular de colores. "Hola, amor. Bien, ¿tienes un turno más? Sí, Charly y otro amigo, Martín. Ok, te veo".

—Listo, te vienes con nosotros —afirmó con seguridad, como si mi opinión no importara.

—¿Adónde?

—A lo de mi guía espritual, la Karin.

—La bruja de Concón —corrigió Charly.

—Ya te he dicho que no es bruja —gritó Javi, con los agudos en su máxima expresión.

—¿Una adivina? —pregunté, arriesgándome a recibir otro chillido de desaprobación.

—Algo así —contestó Javi, con el tono más calmado—. Karin es la mejor tarotista de todo Chile, hasta la usan los carabineros para atrapar secuestradores. ¿Tai listo?

—Supongo.

—Ya, vamos, que nos agarra el taco.

Salimos apurados. Javi caminaba rápido, pero sin perder el estilo, como si estuviera desfilando en una pasarela de Milán. Charly imitaba sus movimientos. Al pasar por recepción dejé dicho que volvía en un par de horas, que le avisaran a Felipe si se despertaba antes. En la puerta nos esperaba el auto de Javi, último modelo, descapotable, todo blanco y con asientos de cuero negro. Nunca me había subido a uno así. Tenía solo dos butacas, así que Charly y yo tuvimos que acomodarnos uno encima del otro, yo sufriendo por la —¿incómoda?— situación en la que me encontré.

En el camino, los chicos pusieron canciones de Cristina, Britney, Kylie y Bandana. Gritaron, cantaron y hasta bailaron imitando a sus adoradas divas del pop. Desde los otros autos, la gente nos miraba con una cara de orto que nunca supe si era de envidia o simplemente de odio. Cla-

217

ro, tres locas en descapotable, vestidas como para ir a un desfile, a las once de la mañana, con la música a todo volumen y uno sentado encima del otro… En fin, como canta mi amiga Naty Oreiro, "que digan lo que quieran".

La casa de la bruja era en una especie de villa miseria, en la que el lujoso auto blanco desencajaba tanto como sus ocupantes. Javi conocía el lugar a la perfección, enseguida supo dónde estacionar y qué puerta tocar.

—Bienvenidos —dijo la bruja, que me asombró por su juventud y su aspecto tan normal, como si fuera una chica cualquiera, con sus jeans y su remera blanca.

Luego de los saludos y presentaciones de rigor, Charly pasó al cuarto de Karin y cerró la puerta. Javi y yo nos quedamos en una especie de living, hablando de nada y ansiosos por que llegase nuestro turno. Javi dispuso que yo fuera el segundo. La hora de Charly se me hizo interminable.

Finalmente llegó mi momento. El cuarto era diminuto, con una cama de una plaza, dos sillitas y una pequeña mesa que la bruja usaba para tirar el tarot. Sin preámbulos, me hizo mezclar las cartas y ordenarlas sobre la mesa en una gran hilera. Las miró, puso cara de concentración y comenzó con su cháchara. Yo me mantuve incrédulo, pero también nervioso.

—Tienes mal de amores —lanzó.

—…

—Es un hombre mayor que tú, famoso, de mucho éxito —dijo, y yo asentí, sin mucho asombro, porque cualquiera le podía haber contado de lo mío con Felipe—. Has venido por él —siguió, y me asustó un poco, porque era verdad, solo quería saber de él.

—Sí —respondí.

—Yo no veo amor en esa relación —sentenció, y me heló la sangre.

—¿Cómo? —pregunté sorprendido.

—Que yo no veo amor. Se llevan bien, son muy parecidos, se quieren, pero tú no estái enamorado de él. ¿Te invitó a este viaje, no es cierto?

—Sí.

—Y siempre te lleva a los mejores hoteles, te paga los pasajes de avión, ¿verdad?

—Sí —respondí asombrado.

—Tú estái con él porque te fascina su mundo, sus viajes, la gente que te presenta, sus contactos.

—¿Estoy por interés?

—No, yo no he dicho que tú fueras su puta. Tú no quieres sacarle nada, simplemente estái embobado con su mundo.

—¿Y él? —pregunté muerto de curiosidad.

—Él necesitaba estar con un hombre. Es algo que se ha prohibido toda su vida y que ahora no está dispuesto a resignar, por nada ni nadie.

—Entonces, él sí está enamorado...

—Te quiere a su manera, pero es un hombre que ha nacido para estar solo. Aquí me sale la libertad —dijo mostrándome una carta con una paloma blanca en pleno vuelo.

Me quedé pensando, sin saber si seguir con las preguntas, ir más allá, o cambiar de tema. Arriesgarme a que me siguiera diciendo cosas feas de mi relación con Felipe o pedirle que me hablase del trabajo o de cualquier otra boludez. La bruja aprovechó mi silencio para seguir haciéndome pedazos.

—La relación va a pasar a otro plano, más de amistad —me explicó—. Nunca dejarán de verse, serán grandes amigos, hermanos.

—Bueno, ¿podemos hablar del trabajo, por favor? —interrumpí, ya molesto.

Siguiendo las órdenes de Karin, tuve que repetir la operación de disposición de cartas. En la nueva ronda me salió que yo trabajaba en prensa escrita, pero que eso ya se terminaría. Según los pronósticos del tarot, debía dejar la revista cuanto antes y dedicarme a la televisión. Sí, la bruja insistió en que yo era una futura estrella, que mi cara se haría famosa gracias a la tele y que mi futuro laboral era muy promisorio. Ahí me cambió el panorama, y cuando salí del cuartucho no podía dejar de preguntarme si debía creerle o no. Si le creía, podría quedarme tranquilo sabiendo que me esperaba una vida de fama y fortuna, pero, ¿qué pasaría con Felipe?

Volví con más dudas que certezas al hotel.

—¿Dónde te habías metido? Ya me estaba empezando a preocupar —dijo Felipe, todavía agitado por los 30 minutos de cinta en el gimnasio.

—¿No te avisaron en recepción que salí? —pregunté, indiferente, todavía con la mente en blanco por los pronósticos de la bruja.

—Sí, pero no dijeron dónde estabas. Aunque me enteré que te fuiste con Javi en su auto, pícaro...

—Con Javi y un amigo suyo, fuimos a tirarnos las cartas.

—¿Cómo? ¿A tirarse las cartas? ¡Cuéntame! ¿Estuvo divertido? —preguntó secándose el sudor con una toallita blanca.

—Todavía me siento un poco raro. Es la primera vez que voy.

—Bueno, yo no creo en esas cosas.

—Yo tampoco creo, por eso jamás me interesó ir, pero esta mina, no sabés, me adivinó un montón de cosas...

—¿Cómo así? ¿En serio? ¿Qué te dijo?

—Habló de vos, de mi familia, de la revis, todo sin que yo le dijera nada. Por ejemplo, me dijo que yo tenía una sobrina de un año, rubia, divina... ¿Cómo supo que tenía una sobrina? Eso Javi no se lo pudo haber contado.

—No, claro.

—Y de la revis, me habló de Mariana, la describió perfectamente, como si la conociera.

—¡No!

—Me dijo que ese trabajo ya me quedaba chico, que este año iba a renunciar y que mi cara se haría famosa en la tele.

—¿En la tele?

—Sí, no sabés cómo insistió con eso: que yo iba a salir en todos lados, que sería súper conocido. Encima, yo le hablaba de ser escritor y me decía: "Yo no veo ningún libro, aquí me sale que serás una estrella de la televisión". No sé de dónde sacó eso.

—¡Qué gracioso! Yo también creo que puedes ser una estrella, mi estrella —dijo abrazándome.

—Otra cosa, me trató como gay desde el principio, sin preguntármelo...

—Bueno, pero si estabas con Javi es bastante obvio. No hay que ser muy inteligente para darse cuenta...

—¿Tan marica te parezco?

—Yo no he dicho eso.

—Bueno, pará que termino. Con lo del tema gay me dijo que papá y mamá ya lo sospechaban, y que si no se los contaba pronto se iban a enterar de todas formas.

—Ahí estoy con la bruja, tiene razón. ¿Y le preguntaste sobre nosotros? ¿Te dijo algo de mí?

Sin detenerme a pensarlo, le largué la cruda verdad:

—Que no había amor.

—¿Cómo? —se rió, incómodo.

—Eso, que entre nosotros no veía amor, que la relación no tenía futuro —le expliqué, triste.

—¿Estás mal? —me abrazó—. No puedes creerle a una bruja. Te dijo que vas a ser estrella de la tele para ilusionarte y que sigas yendo a verla. Y de lo nuestro... lo hizo para que parezca más real, para no decirte solo cosas buenas.

—Sí, no sé, pero acertó en tantas cosas que me hizo dudar.

—Yo te amo, ¿eso te hace dudar? Nunca he amado a nadie como a ti, y no creo que nadie te haya amado tanto como yo.

—Yo también te amo —lo abracé y besé, con los ojos húmedos de emoción.

—No le hagas caso a esa bruja, ¿ya?

—Ya.

—¿Me prometes?

—Te prometo.

—Eres el niño más lindo que he conocido, ¿cómo podría dejar de amarte?

—No, yo a vos, gracias.

—A ti por estar en mi vida. No sabes cuánto te he buscado.

Después de los shows en Viña, que comentaron la prensa escrita y todos los programas de chimentos de la tele, nos fuimos a descansar a Zapallar, el balneario más top de Chile. Felipe alquiló una casa increíble ubicada en la cima de un cerro, y rentó un viejo Mercedes Benz, "muy literario" (según su propia definición), a uno de los choferes del hotel del Mar. Durante dos semanas nuestra rutina consistió en levantarnos a mediodía, bajar al pueblo a comprar el diario, almorzar en algún "chiringuito", volver a casa, echarnos a tomar sol en la pileta y esperar hasta que se hiciera de noche para volver a salir a comer. La playa era otra opción, aunque el ambiente familiar high class de Zapallar nos hinchaba un poco las bolas, y todo el mundo se acercaba a saludar a Felipe y rompernos el encanto.

La casa era grande, nueva, de líneas súper modernas y llena de desniveles que se adaptaban a la loma sobre la que estaba construida. Las paredes eran blancas, los pisos de madera clara y los muebles tenían un aire campestre que me encantaba. Para acceder a la pileta había que bajar por un caminito de madera, bastante cansador al regreso, que desembocaba en un espacio rodeado de arbustos ideales para mantener la privacidad. Se podía nadar o tomar sol desnudos sin estar pendiente de las miradas ajenas, cosa que me pareció impagable. Así, los juegos sexuales bajo el agua o al borde de la piscina se transformaron en una rutina diaria, como ir a comprar el periódico o chequear mails en el pueblo. Y digo rutina porque a esta altura el acto se repetía con dos o tres variantes que mantenían un esquema bastante monótono, pero no por eso aburrido, sino todo lo contrario. Felipe nadaba desnudo, mientras yo tomaba sol con un traje de baño Dolce & Gabbana (que me prestó Javi en Viña y que nunca le devolví) de lycra cortito y ajustado color turquesa, que me marcaba las partes y me excitaba y me la ponía bien dura. A él también se le paraba, obvio, y cuando yo lo veía en su punto más alto me tiraba al agua y lo abrazaba por atrás, besándole la espalda. Él me daba vuelta con violencia, cruzaba mis piernas entre su cintura y hacía como que me la metía, pero yo seguía con la mallita puesta. Entonces, me la sacaba con cierta urgencia tratando de establecer contacto, pero nada, no se podía, abajo del agua nunca se podía. Luego, Felipe salía de la pileta, se sentaba en el borde y yo, desde adentro, se la mamaba y me tocaba hasta acabar. Él siempre aguantaba más, y cuando me veía terminar se acostaba boca arriba ahí mismo, en el piso, y yo salía del agua, me agachaba enfrente suyo, mirándolo a la cara, le abría las piernas y hacía como que se la metía, y él se moría de placer y se tocaba, mientras yo le lamía el pecho, la boca, el cuello, hasta verlo acabar y sentir que su orgasmo era mío, me pertenecía.

Así de románticos fueron los días en la casa de Zapallar, con un silencio perfecto, una paz única. El aire era fresco, el cielo limpio, el sol intenso. No hubo peleas, discusiones ni malos entendidos. Ni siquiera nos permitimos hablar del futuro, de que cuando todo terminase vendría la separación, una distancia llena de incertidumbres.

El 25 de febrero cerramos la casa con llave y el dueño del viejo Mercedes vino a buscarnos. Manejó dos horas hasta el aeropuerto de Santiago y nos dejó en el counter de LanChile, donde se me cayeron unas lágrimas que traté de disimular frente a las chicas de uniforme azul. "Tranquilo, mi niño, te prometo que nos veremos pronto", me repetía Felipe al oído. En el salón vip me limpié la cara y recuperé la compostura. Tomamos un jugo de naranja, comimos nueces y pasas, y Felipe chequeó sus mails mientras yo leía una revista. "Último llamado para el vuelo 601 de Lan con destino a Buenos Aires", anunciaron, y Felipe vino corriendo a buscarme. "Es el tuyo", me dijo con los ojos colorados. Entonces me llevó a una esquina para evitar las miradas de los ejecutivos en traje y corbata, me abrazó fuerte, largo, y empezó a llorar como un niño. "Te voy a extrañar", dijo entre lágrimas. "Yo más, mi amor, yo más", le dije, muriéndome de la tristeza y escapándome para no perder el vuelo. Esa imagen de Felipe, tan blando, tan vulnerable, me partió el corazón. Supe que debía volver a verlo pronto, con urgencia.

VEINTIDÓS

mi amor,
acabas de irte
no puedo dejar de llorar
ahora sé cuánto te amo
te prometo que iré pronto
te quiero para siempre

Yo también te amo, pensé frente a la pantalla, sin poder escribir todavía de la emoción. ¿¡Por qué estás tan lejos!?.

—Martín, ¿te sentís bien? —preguntó Javier, mi hermano menor.

—Sí, todo bien —contesté, tratando de que no me viera los ojos rojos, aguados.

—¿Estás llorando?

—No, nene, tengo una alergia. ¿Por qué no te ocupás de tus asuntos y me dejás de joder?

—Bueno, pero salí de mi cuarto —me ordenó.

—Salgo cuando quiero.

—Necesito la computadora —insistió.

—No es tuya.

—Pero está en mi cuarto, y si quiero que te vayas, te vas.

—Cuando termine de mandar este mail me voy, ¿ok?

—¡¡Mamááá!! ¡Martín me está molestando! —gritó.

—¡Callate, pendejo!

—¡¡Mamáááá!! —siguió.

—¿Qué pasa, por qué gritan? —interrumpió mamá.

—Tengo que estudiar y Martín no me deja estar en mi cuarto.

—¡No mientas, pendejo! Querés chatear, no estudiar.

—Martín, por favor —intervino mamá—. Tenés casi veinticinco años, ¿no te da vergüenza pelearte con un chico de quince?

—¡Pero tengo que mandar un mail! ¿Ahora ni eso se puede hacer en esta casa? —pregunté molesto mientras cerraba mi cuenta de mails para que nadie viera el mensaje de Felipe.

—Ya te lo dije mil veces, si tanto te molestamos, ahí tenés la puerta —dijo mamá señalando la salida con un ademán de policía que dirige el tránsito—. ¿Qué te pasó en los ojos? —preguntó, preocupada.

—Nada.

—Los tenés todos colorados, no habrás estado con ese Gonzalo, que ya me enteré de sus vicios, lo comenta todo el club... —hizo una pausa—. Fuma marihuana —dijo en voz baja.

—No digas boludeces, si hubiera fumado ahora estaría cagándome de risa en tu cara, creéme.

—¡Qué! ¿Probaste? —preguntó indignada.

—Dejáme tranquilo, querés.

—No seas insolente, che. Y mejor basta de peleas, que me sube la presión.

—¡Señora, está la comida! —gritó Nancy, la mucama, desde la cocina.

—Por el amor de Dios, cuántas veces le habré dicho a esta chica que hable más bajo... Vengan, chicos, vamos a comer.

Fuimos los tres hasta el comedor diario, en la cocina,

donde el olor a comida me mataba porque despúes quedaba todo impregnado en la ropa, un asco. En la mesa estaba sentada Florencia, mi hermana (la que me descubrió las fotos con Felipe), sola frente a su desabrida milanesa de soja de todos los días. Papá seguía en los entrenamientos de rugby y Josefina esa noche dormía en casa de su novio.

—Nancy, el tomate cortalo más chiquito la próxima vez, ¿te acordás cómo te expliqué? —empezó mamá.

—Sí, señora.

—Porque así de grande es muy ordinario —siguió.

—¡Mamá! —le dije bajito, dándole un codazo para callarla.

—Sí, señora —contestó Nancy, sumisa como siempre, volviendo a repetir una y otra vez esa maldita frase, "síseñora esto, síseñora aquello...".

Empezamos a comer en silencio. A nadie le importaba mucho cómo había transcurrido el día de los demás. Yo solo pensaba en Felipe, en la despedida, en ese mail tan apasionado que acababa de recibir. Me lo imaginé llorando en el aeropuerto hacía un par de días, y pensé una vez más en esa idea que cada vez me parecía más urgente.

—Es probable que en un par de meses tenga que volver a Miami por laburo —dije.

Florencia me lanzó una mirada fulminante, como diciendo: "Yo sé la verdad, sé que te vas a ver al maricón ese".

—¡Ay, qué lindo! —dijo mamá—. Por suerte no le tenés miedo a los aviones, porque lo mío es terrible, no puedo viajar a ningún lado, vos sabés que yo...

—¿Por qué siempre hablás de tus traumas? —interrumpí, molesto—. ¡Ya nos dijiste cien veces que le tenés miedo a los aviones!

—No sé por qué estás tan agresivo últimamente —se defendió—. Y eso que recién llegás de vacaciones.

—Es que te estoy contando algo importante, y vos, ni bola.

—¿Qué tiene de importante que te vayas a Miami unos días?

—Tal vez me tenga que quedar un tiempo.

Florencia volvió a mirarme, furiosa.

—¿Cómo un tiempo? —preguntó mamá, inocente.

—No sé, unos meses.

—¡Qué! —exclamó, dejando caer el tenedor al plato.

—La revista se está vendiendo en Miami, y parece que van a necesitar un editor allá —mentí, ya con cierta maestría después de haber inventado tantas historias.

—Ah...

—Pero no es nada seguro, no te preocupes.

—No me preocupo, solo quiero que vos estés bien. Si eso te hace feliz... —dijo resignada.

—Gracias, mami.

—¿Cuánto tiempo sería entonces?

—Tres, cuatro meses.

—¿Y después?

—Hay que ver cómo funciona.

—Pero hay posibilidades de que te quedes más tiempo... —dijo preocupada.

—No sé, má, ni siquiera sé si voy a ir.

—¿Y con quién vivirías? —intervino Florencia, solo para molestar, para hacerme sentir incómodo.

—Creo que solo —contesté, mirándola desafiante.

—Ay, debe ser horrible estar allá solo, sin conocer a nadie —dijo mamá—. ¿Viste la hija de Marcela, mi amiga? Bueno, se fue a Nueva York y se tuvo que volver, no aguantó la soledad.

—Vos siempre tan optimista...

—No, en serio, ¿qué vas a hacer allá sin nadie? ¿Mirá si te pasa algo, si te enfermás?

228

—No sé, mamá, es solo un plan, ya vemos.

—¿No vas a comer más, no querés más pollito?

—No, no, estoy bien —dije, y me excusé para volver al cuarto.

Me levanté de la mesa. Florencia me siguió. Cuando entré al dormitorio, se metió detrás de mí y se aseguró de cerrar bien la puerta.

—¿Vos estás loco? —preguntó indignada.

—No me jodas —me defendí.

—En serio, Martín, no podés.

—¿No puedo qué?

—¡Irte con ese tipo! O me vas a decir que me creí el cuento de la revista...

—¿Qué tiene?

—¿Cómo qué tiene? Apenas lo conocés, no te podés ir a instalar a su casa, ¡es una locura! —me gritó en la cara, a unos pocos centímetros de distancia.

—¿Y desde cuándo te interesa tanto lo que yo haga o deje de hacer?

—No podés irte así nomás, ¿qué vas a hacer allá?, ¿de qué vas a vivir?, ¿y la revista? —siguió, cada vez más cerca.

—Renuncio y listo, no es tan grave.

—Ese pibe te lavó la cabeza.

—Y quiero escribir un libro.

—¡Ja! Lo único que te falta, escribir las mismas gansadas que Brown...

—No te preocupes, no te voy a pedir plata ni nada, así que hacé lo tuyo y dejáme en paz.

—Bueno, como quieras, pero pensá bien lo que vas a hacer.

—Ok, gracias por tus consejos.

—Y si te cagan, después no vengas con el caballo cansado, que te conozco.

—¿Terminaste?

—Sí, chau —y dio el portazo final.

"Tal vez fue algo malo haberte conocido, yo no era adic-ta a nada y entraste en mi camino". Erica García sonaba en la radio del auto. Cantaba resignada, como si el amor fuera una cosa que no se elige, algo de lo que uno simple-mente es víctima. En su canción Erica decía que estaba atrapada, que no podía zafarse de esa otra persona a la que supuestamente amaba. Y yo, como buena loca ena-morada del amor, me hacía la víctima, me sentía absoluta-mente identificado con sus frases de mujer entregada. La obsesión que sentía por Felipe se hacía cada vez más fuer-te. Esa mañana, camino a la oficina, no podía pensar en otra cosa que no fuera mandar todo a la mierda para em-pezar una nueva aventura en Miami con mi chico latino. Habían pasado quince días de la despedida en Chile, y desde entonces, más que nunca, mis energías estaban con-centradas en la fuga. El trabajo ya no tenía ninguna im-portancia. Cualquier diferencia de opinión con Mariana o discusión con Fernando derivaban en la misma conclu-sión, que obviamente no salía de mi cabeza: que se vayan a la mierda, total, yo estoy a un paso de renunciar, pensa-ba, mientras les decía: "No, todo bien, tenés razón, hacelo como a vos te parezca". En casa pasaba lo mismo: la más mínima pelea me hacía pensar inmediatamente en que los días con mi familia estaban contados.

Esa mañana entré a la revista de buen humor, conven-cido de que lo mejor estaba por venir. Saludé a las chicas de publicidad, a las de arte, y me fui para el sector de redacción. Por suerte, todavía no había caído nadie. Me encantaba aterrizar en mi escritorio bien temprano para tener un rato de paz antes de que comenzara el habitual cotorreo de cada día. Me senté en la silla anatómica regulada a mi altura y prendí la compu. Treinta mails en mi dirección de la revista, todas invitaciones a eventos y gacetillas de prensa. Solo dos mensajes en mi cuenta de hotmail. El primero era de Felipe.

mi niño lindo,
te mandé un mail justo cuando tú me mandabas el tuyo.
amo esas coincidencias: me hacen pensar que estamos juntos, muy cerca, y que eso es más fuerte que todo. sabes que estás en mi corazón, que te amo, y que no quiero seguir tan lejos de ti.
he decidido que en abril tenemos que hacer algo, o te vienes o me voy, no sé, algo que nos acerque y permita que nos demos todo el amor que sentimos. piensa bien qué querés hacer, y luego nos organizamos juntos. yo no veo sino dos movidas, ambas audaces, pero siempre hay que arriesgar para ganar:
1. te vienes a miami unos meses a estar conmigo, a escribir, a pasarla bien juntos, lo que me haría inmensamente feliz.
2. te quedas en buenos aires y alquilamos juntos un departamento y yo paso contigo todo el tiempo que pueda y tú mantienes tu trabajo.
en cualquier caso, te agradezco tanto por estar en mi vida, por hacerme feliz y por cumplirme ese sueño tantas veces postergado, el de encontrar a un hombre como tú con el que pueda vivir el amor.

No pude contener la excitación, y enseguida, sin pensar, respondí:

mi amor.
gracias por todo lo que me decís. yo también estoy feliz de tenerte en mi vida. sé que la decisión es difícil, pero como bien decís, siempre hay que arriesgar para ganar. tu caso es más complicado: tenés tu casa allá, una vida hecha, y no creo que sea el

mejor momento para instalarse en buenos aires. yo acá no tengo
mucho que perder, solo un trabajo que cada día se me hace más
rutinario y algunos amigos que voy a extrañar, aparte de la
familia, por supuesto. pero sería solo un tiempo, para probar, y
de paso jugar a ser escritor. te parece buena idea? mantenés en
pie la oferta, o ahora te me vas a echar para atrás?

besos, te amo.

—¿Hola? —contesté.

—¿Estás ocupado? —prenguntó Felipe, como excu-
sándose por haberme llamado.

—¡Hey! ¡Qué bueno escucharte! —dije, contento de
oír su voz.

—¿Cómo estás? ¿Qué hacías?

—Nada, saliendo para casa.

—¿Mucho trabajo hoy?

—No, lo de siempre, tranquilo. ¿Vos, qué hiciste?

—He tenido un par de reuniones con gente de la tele.

—¿Algo bueno?

—Lo de siempre.

—Ah.

—...

—¿Recibiste mi mail? —pregunté, intrigado ante su
respuesta.

—Sí, mi amor. Me emocionó mucho leerte.

—¿Qué opinás?

—Yo feliz de que vengas. Si es lo mejor para vos, yo
feliz.

—¿Seguro?

—Ay, claro.

—¿No te molesta?

—¿Cómo me va a molestar? Si fuera así, no te hubiera
dicho que vengas.

—Bueno, gracias.

—A vos.

—...

—Parece que iré pronto a Buenos Aires por cosas de trabajo —dijo, cambiando de tema.

—¡Qué bueno! ¿Para cuándo sería?

—Los primeros días de abril, así que si todo sale bien estaré viajando a fin de mes.

—¡No falta nada!

—Quince días.

—Buenísimo, ojalá salga.

—Y es probable que me quede todo el mes allá. ¿Quieres que te cuente mis planes?

—Obvio —dije intrigado.

—¿Te estoy aburriendo?

—No, please, contame.

—La idea es estar todo abril en Buenos Aires, pasar allá tu cumple, el 15, y quedarme hasta las elecciones, el 28, ¿te parece?

—Genial.

—Y después, estuve pensando, podemos sacar un pasaje para vos allá y te vienes directamente conmigo a Miami, así viajamos juntos.

—¿En serio?

—Claro, mejor que volemos juntos, más rico.

—Yo feliz.

— Perfecto... ¿Qué harás ahora?

—Nada, supongo que iré un rato a lo de Gonza, en casa me enferman.

—Sí, mejor, evita tu casa todo lo que puedas, y piensa que pronto estaremos juntos.

—Gracias, mi amor.

—Te amo —dijo sin vueltas.

—Yo más —asentí.

—Bueno, te tengo que dejar. Chau, besos.

—Chau, te quiero.

Corté el celular y me metí al auto. Cerré la puerta y, antes de encender el motor, grité para mí mismo: ¡¡Me voy a la mieeerdaaaa!! Arranqué y puse la radio. Cantaba la culona latina Jennifer López, "Let's get loud. Let's get loud", gritaba a través de los parlantes que temblaban de tanto ruido, y yo, chocha de la vida, manejé a toda velocidad y canté a dúo con J. Lo. No fui a casa, no tenía sentido. Paré directamente en lo de Gonza y le toqué el timbre. Cuando salió, le di la buena nueva:

—¡Me voy a Miami!

—¿Confirmado?

—Sííííí.

—¡Joya! —dijo, y me abrazó—. Pasá, dale.

—Gracias.

—Bancá que me cambio y salimos, ¡hay que festejar!

—Buenísimo.

Gonza pasó a su cuarto y cerró la puerta. Yo me quedé esperándolo en el living. Había un código implícito entre nosotros: ninguno se sacaba la ropa delante del otro. Yo nunca lo había visto desnudo ni tenía intenciones de hacerlo, y él mucho menos, a pesar de que era mi mejor amigo, nos conocíamos desde chicos y perdí la cuenta de las veces que dormimos en la misma habitación.

A los cinco minutos salimos. Gonza se había puesto unos pantalones rayados y una remera con la cara de Bob Marley. En los pies, ojotas, y en la cabeza un gorro rastafari con los colores de la bandera de Jamaica. Fuimos a un bar frente al río, en el Bajo de San Isidro. Él pidió una cerveza y yo un mojito. Ya se acercaba la noche y el cielo se había puesto anaranjado. Nos sentamos afuera, en un deck de madera que flotaba sobre el agua marrón.

—Qué maza, boludo, no puedo creer que te vayas —dijo manteniendo el relajo de siempre.

—¿Viste? Copado, ¿no?

—¿Cómo? Un flash. Sabés lo que daría yo por irme a la mierda... —suspiró.

—Ojalá salga todo bien.

—Ni hablar. Felipe es un capo —habló como si lo conociera de toda la vida, cuando en realidad solo le había visto la cara una vez.

—Todavía no sé qué hacer con la revista.

—Que se vayan a cagar. Esa gorda es imbancable.

—¿Quién, Mariana?

—Sí, tu jefa, la malcogida esa —dijo, y nos reímos juntos.

—¿Qué le digo? —pregunté, un poco preocupado por no tener el valor de renunciar.

—Que se la cache un burro, ¡já! —nos reímos juntos.

—No, boludo, en serio.

—Nada, ¿qué le vas a decir? "Renuncio, chau, no me ven más un pelo".

—No es tan fácil, no es un Mc Donald's, los empleados no entran y salen así nomás —le expliqué haciéndome el importante.

—Yo que vos la mando a la mierda y me saco el gusto.

—¿Y si tengo que volver? Ella me puede hacer quedar mal con todo el mundo y después cagué, no consigo laburo en ninguna otra revista.

—No vas a volver, chabón, te va a ir bien allá. Además, ¿no ibas a escribir un libro?

—Sí, es la idea, pero de ahí a hacerlo...

—Relajáte, te va a ir bien. De última te volvés y nos vamos de hippies al Sur —dijo entre risas, con los labios mojados de cerveza.

—No jodas.

—¿Y tu vieja? Cuando se entere te mata. ¿Qué le vas a decir?

—Algo le adelanté.

—¿En serio? ¿Qué te dijo? —preguntó sorprendido de mi audacia.

—No le dio mucha importancia.

—Me estás jodiendo...

—No, en serio, no le dio importancia porque le mentí, le dije que tal vez en un par de meses me iba a Miami por laburo.

—Ah, la verseaste.

—Obvio, ¿qué te pensás?

—Pero cuando te vayas le vas a tener que decir la verdad, chabón.

—Ni en pedo, si le digo la verdad se muere. Ni siquiera sabe que soy gay.

—¡Mirá en el quilombo que te metiste, boludo! —dijo llevándose las manos a la cabeza.

—¿Viste?

—Estás hasta las manos, chabón. Mejor no le digas nada.

—No, obvio, el tema es que no sé si me da para mentir tanto. Decirle que estoy allá, trabajando, cuando en realidad voy a estar en la casa de mi novio, viviendo de él, sin laburo...

—Suena heavy, mejor no le digas nada —me aconsejó y prendió un cigarrillo.

—Mejor no —asentí y tomé un trago.

—Bueno, ¡brindemos! —dijo gritando, con la botella en la mano.

—Por lo que se viene —dije golpeando mi mojito contra su cerveza.

—¡Por Miami, carajo!

VEINTITRÉS

—Hola, Cecilia.

—Hola, Martín. Mariana te espera arriba para la reunión.

—Sí, ya sé —subí apurado.

—Llegás tarde —dijo mi jefa con cara de orto.

—Sorry, pasa que...

—No importa, ¿empezamos? —continuó cortante.

—Seguro.

—Te cuento, están por salir dos nuevos proyectos dentro de la editorial.

—Buenísimo —dije fingiendo entusiasmo.

—Es una revista de cine y otra de polo, parece que quieren usar nuestra estructura de contenidos para que desarrollemos esos dos productos. ¿Qué te parece?

—Genial, ¿no era lo que estaban esperando?

—Claro, finalmente parece que se nos dio. Hay buena guita de por medio, pero para cerrar el trato tenemos que presentar dos monos. Vos te tendrías que encargar del proyecto de cine y Fer del otro, ¿estás de acuerdo?

—¿Qué hay que hacer concretamente? —pregunté, con la cabeza a mil revoluciones tratando de digerir la propuesta.

—Tenés que generar la revista desde cero: nombre, formato, cantidad de páginas, secciones, entrevistas... todo.

—Más el laburo de siempre en *Soho*... —acoté.

—Sí. Yo sé que es mucho trabajo, pero si sale te vas a llevar un buen porcentaje, que te va a venir bien —me explicó—. ¿No te querías ir a vivir solo? Bueno, esta es tu oportunidad. Vos sabés que en este país lo que falta es el laburo, así que no nos podemos dar el lujo de desperdiciar esto, ¿no te parece?

—Bueno, gracias por confiar en mí, en serio.

—Yo sé que podés hacerlo, no tengo dudas. Pero me tenés que asegurar que te vas a comprometer cien por ciento, que no vas a faltar por exámenes, viajes, ni nada de eso.

—No, la facultad ya la terminé, ¿no te acordás?

—Cierto, cierto. Bueno, perfecto entonces, el lunes tenemos la reunión con los tipos que ponen la guita. Quiero que te conozcan y que sepan que vos vas a estar a cargo del proyecto. Tratá de vestirte un poco más formal ese día, ¿sí?

—No, Mariana, pará, no me puedo comprometer...

—¡Qué! —me lanzó una mirada de reprobación.

—Tenía que decirte esto hace tiempo, pero no encontraba el momento —traté de explicarle, muerto de nervios.

—Martín, no podés ser tan inseguro, no podés tener miedo de crecer, de asumir más responsabilidades, de independizarte. Vos tenés mucho potencial, sos muy capaz, pero tu inseguridad te juega en contra, porque...

—Tengo que renunciar —dije en seco.

—¿Cómo? ¿Justo ahora?

—No me queda otra.

—Mirá, si es por las peleas que tenemos, todo el mundo discute en el trabajo. Yo sé que a veces soy un poco gritona, pero entendeme, tengo muchas cosas a mi cargo, no es fácil. Y como te decía —siguió, convencida de ser una consejera experta—, necesitás madurar, no te

238

podés ofender porque a veces te trato mal, como si fueras un nene de quince años… ya estás grande.

—Me voy a Miami.

—No —sentenció, como si mi decisión dependiera de ella.

—Sí, me voy

—No podés, ¿estás loco?

—Claro que puedo, ya tengo todo arreglado.

—¿Qué, te salió un laburo allá?

—No, me voy con Felipe.

—Vos estás mal…

—Sorry, ya lo pensé un montón, estoy seguro.

—¿Y qué vas a hacer allá, pasar el plumero mientras Felipe sale a trabajar, prepararle la comidita todas las noches? —preguntó cínica.

—Voy a escribir, ¿te acordás que te conté lo del libro?

—Sin ofensas, pero creo que vos no estás preparado para escribir un libro, eso ya lo hablamos, el tema de la edad, la madurez intelectual…

—Probar no cuesta nada.

—¿Cómo que no? Esto tiene sus consecuencias, Martín. Si vos te vas, nos dejás en banda, yo tengo que poner a otro editor en tu lugar, y ver quién se puede encargar del nuevo proyecto, es un caos.

—No es tan complicado, se puede hacer cargo uno de los redactores, no es gran cosa…

—Yo sé. Pero me refiero a tu puesto… si te vas lo perdés —amenazó—. Si ahora me decís que no estás dispuesto a comprometerte con la editorial y los nuevos proyectos, yo no puedo asegurarte nada en el futuro.

—Obvio, no pretendo eso —dije orgulloso.

—Si te vas, te vas —insistió con las amenazas.

—Asumo las consecuencias —me arriesgué.

—Bueno, es una pena que estés tan ciego… por vos, digo.

—Gracias por la preocupación, pero yo estoy perfecto. Más feliz, imposible.

—Ok.

—¿Listo entonces?

—Listo.

Bajé a mi escritorio y me quedé inmóvil frente al monitor por unos segundos, pensando en nada. Le mandé un mail a Felipe contándole la novedad. Necesitaba a alguien que me apoyara, que me confirmara que había tomado la decisión correcta, y Felipe era la persona más indicada para tranquilizarme, para decirme que no me preocupase y asegurarme que estaba todo bien. Cuando terminé de escribir puse "send" y salí a dar una vuelta, a tomar un poco de distancia de ese lugar que ya no me pertenecía. Hice una cuadra por Gorriti y otra por Fitz Roy para terminar sentado en Omm, el barcito blanco de Honduras, la calle más concurrida de Palermo Hollywood. Pedí una coca-cola con hielo y me quedé mirando pasar a la gente que entraba y salía de los canales, radios y productoras de la zona. "Ya está, se terminó", pensé. Ya había hecho a un lado gran parte de mi mundo, y no cabían los arrepentimientos. Los desayunos en el bar de la esquina, las reuniones de sumario, las discusiones, los reportajes a estrellitas locales, las producciones de fotos, las invitaciones a eventos, las fiestas, los treinta mails diarios, el celular sonando cada cinco minutos, la gente que va y viene, los compañeros, los amigos, los enemigos, el sueldo depositado cada mes en el banco. Ya fue, se acabó, it's over. En esa revista había escrito mi primera nota, hacía cinco años, cuando entré como pasante. Ahí conocí a gente como yo, me di cuenta de que podía escribir, de que servía para algo. Hice contactos, me enfrenté cara a cara con los famosos de la tele, visité sus casas, sus estudios, sus canales, asumí que me gustaban los chicos, cambié la forma de vestirme, salí cada noche, me divertí, gané plata, conocí a Felipe y, sobre todo, crecí más que nunca. Después de casi una hora en el bar, sentado, divagando, lleno de nostalgia, volví a la oficina. Todavía me quedaba una semana de trabajo. Ya frente a la computadora, vi un nuevo mensaje en mi cuenta de hotmail.

hola, mi niño. cómo estás? ¿dormiste bien? qué bueno que saliste de compras, me alegra tanto saberte feliz. pero no compres nada para miami, acá hace un calor demencial y si vienes puedes usar lo mismo que en BA, total es poco tiempo. me sorprende que hayas renunciado así, tan de repente. sabes que te apoyo all the way, pero me sentiría culpable de saber que has hecho esto solo por mí. si la decisión fue por vos, porque ese trabajo ya no te acomodaba, no te hacía feliz, bien por eso. mi amor, ya falta tan poquito para verte. en menos de una semana estaré en buenos aires qué ilusión!

te llamo en la noche, besos.

Leí el mail una y otra vez. Esperaba que Felipe me dijera: "¡Qué bueno! ¡Ya eres libre para viajar cuando quieras! Ahora estamos más cerca que nunca. Gracias por haber tomado esta decisión tan importante, te prometo que no te arrepentirás". Pero no, nada de eso, lo único que había obtenido es un tibio "¿estás seguro?", una reacción digna de mi mamá, o de mi jefa, o de cualquiera que no tuviera fe en lo nuestro. Seguramente lo hacía para protegerme, porque sabía lo importante que era para mí ese trabajo. Evidentemente yo no tuve en cuenta nada de eso. Solo pensé que él me amaba y yo lo amaba, y eso era lo único importante, como si fuéramos dos adolescentes caprichosos que no piensan, que no saben esperar.

Felipe no volvió a hablar de mi renuncia, y yo, tal vez para borrar de mi mente ese inesperado mail, tampoco mencioné el tema. "No nos preocupemos por el futuro", repetía mi chico en el teléfono. "Lo único real es el mes que nos espera juntos en Buenos Aires. Te aseguro que nos vamos a divertir. Y después te vienes a pasar un tiempo conmigo a Miami, claro", decía.

El último viernes de marzo, mis compañeros de la revista me hicieron una despedida. En la sala de reuniones de la editorial, entre sándwiches de miga y botellas de coca-cola, cada uno se mandó su mini discurso, algunos con palabras realmente sentidas y otros con un speech lleno de clichés y formalidades tipo "te vamos a extrañar", o "te deseo lo mejor en esta nueva aventura".

Ese día, después de la oficina, fui al gimnasio. Felipe llegaba el lunes siguiente y tenía que verme lo mejor posible. La sala de aparatos estaba llena de putos. Claro, era viernes, casi de noche, y todas las locas se preparaban para lucir sus torsos hinchados en el boliche. También había chongos, todos bien machos, obvio, pero cuando se juntaba tanta gente los más varoncitos se agrupaban en el sector de las pesas para delimitar la especie. Así, en la parte de piernas y glúteos se concentraba una extraña mezcla entre maricas que precalentaban la zona de batalla para esa misma noche y mujeres haciendo lo imposible para contrarrestar la flacidez de sus nalgas, que se trasparentaban a través de las calzas bien metidas en la hendidura del orto.

Encontrarme con ese panorama siempre me generaba dudas. ¿Dónde debo ubicarme?, pensaba. Si no me identifico con ninguna de las tres o cuatro especies que cohabitan en este espacio, ¿dónde me meto? Después de la duda de rigor, me acomodaba en una bicicleta fija frente al televisor a mirar *Fashion TV* y pedaleaba durante veinte minutos, los que aprovechaba para estudiar la fauna del lugar. La vista siempre terminaba dirigida al sector de pesas, claro, donde los chicos más rudos transpiraban la camiseta, generalmente una musculosa holgada que dejaba al descubierto brazos, hombros y algo de pectorales, todo muy duro, muy grande, muy inflado. Las locas del sector glúteos nunca me escatimaron miradas, por lo general bastante insinuadoras, aunque los maricas más afeminados, con todo el respeto que me merecen, nunca me calentaron ni un poquito.

Ese viernes, mientras pedaleaba como un energúmeno, apareció Gabi, mi amigo gay. Su look era muy deportivo: pantalón Adidas blanco, medio transparente (se le veía el calzón de lycra), con tres tiras negras a los costados; remera sin mangas de Puma, también negra, haciendo juego con las tiras; zapatillas Nike modernosas, de colores chillones y sin cordones, y una vincha blanca que le dejaba la cara al descubierto.

—¡Hola, mi amor! —dijo a los gritos, mientras me daba un beso en cada mejilla, bien a la europea.

—¡Hey! ¿Cómo vas?

—A mil, y vos, ¿preparándote para esta noche?

—¿Qué pasa esta noche?

—¿Cómo que qué pasa? ¡Es viernes, darling!

—Ah, claro, pero no, en realidad vine porque quiero estar bien para el lunes, que llega Felipe.

—¿Pero qué hacés esta noche?

—Nada, ¿qué querés que haga? —pregunté dejando la bicicleta—. Vení, vamos a sentarnos a esos sillones —le propuse.

—Bueno, pero un toque, mirá que estoy a mil.

Nos sentamos, yo agotado por los veinte minutos de pedaleo, y él con la mirada desviada hacia el sector glúteos.

—¿Cómo es eso de que no vas a hacer nada? ¡No seas aburrida! —exclamó.

—No me trates en femenino, que me hincha las pelotas.

—¡Qué histeria tenemos hoy! —dijo tocándome la cabeza y fingiendo quemarse.

243

—Sorry, pasa que extraño a Felipe, estoy un poco ansioso por que venga.

—Bueno, entonces salgamos, te va a hacer bien...

—No, no. Mirá, no lo tomes mal, pero no me da para ir a un boliche gay —me disculpé.

—¡Pero hoy es el Brandon Gay Day, y hacen una fiesta espectacular! Va a estar llena de víctimas súper potables, chicos divinos, ¡no te lo podés perder!

—Te estoy diciendo que el lunes viene Felipe, qué me hablás de víctimas, de candidatos, ¿no ves que yo ya estoy en otra cosa?

—Bueno, con más razón, si viene el lunes tenés que aprovechar el último viernes que te queda. Dale, vamos a la fiesta Brandon... —insistió.

—No, ni hablar, después termino en un monoambiente de Almagro, en la cama de un tirado cualquiera y me quiero morir, ¿o no te acordás la última vez que fuimos a un boliche gay?

—Si vos te levantás a un nefasto no es mi culpa...

—En esos lugares son todos nefastos.

—¡Ay, estás insoportable! ¿Qué vas a hacer entonces, bordar el ajuar para tu casamiento? Porque últimamente estás más casada que mi vieja, vos.

—Como se nota que nunca te enamoraste —dije, con la clara intención de lastimarlo.

Gabi se quedó pensando su respuesta.

—Bueno, no sé —dudó—. En todo caso, nunca dejé de divertirme por estar con un tipo.

—¿Quién te dijo que yo dejé de divertirme? Si para vos divertirse significa garcharse a un pibe distinto cada noche...

—No me agredas —se defendió, ahora más serio.

—No te agredo, todo bien, solo digo las cosas como son.

—Lo que me jode es que pierdas tu independencia,

que estés todo el día hablando de Felipe, que no mires a nadie...

—Sí que miro —corregí.

—Que dejes de ir a boliches gay, que estés todo un mes esperándolo sin pensar en otra cosa... ¿no te parece too much? —siguió.

—Me parece too much tu postura. Creo que estás exagerando, en serio, no hay por qué preocuparse.

—Ok, si vos lo decís. Pero te aviso que el chongo ese —dijo señalando a un chico alto, grandote, medio rubión, que iba y venía del sector de pesas al área de glúteos, como si no encontrara su lugar en el mundo—, ese rubio, no te sacó los ojos de encima en todo el rato que llevamos acá sentados.

—¿En serio? —pregunté asombrado.

—Obvio, vení, vamos a hablarle, yo te engancho.

—No, dejá, andá vos, te lo cedo.

—¡No te banco más! Ok, me quedo con tus sobras, pero después no me vengas con reclamos —dijo a los gritos, y se fue corriendo tras el rubito de brazos anchos.

El fin de semana de la víspera no hubo fiestas ni boliches ni nada. Mi única diversión fue el cine de todos los sábados a la mañana en Unicenter, un libro de cuentos de Leavitt y los compacts de siempre. El domingo almorcé en el club con toda la familia. En la mesa estaban papá, mamá, Jose, Flor, Javier, Ignacio, su mujer, Lucía, y Cami, mi sobrinita. El clima era muy agradable: el cielo, celeste intenso; el salón, antiguo pero impecable; los mozos, viejos y todavía serviciales, y la gente que iba y venía, súper paqueta, divina, re San Isidro. Todos se acercaban a saludar, se paraban al lado de nuestra mesa y jugaban con Cami, regalaban elogios a toda la familia y seguían camino hacia las canchas de tenis, la sala de bridge o el campo de golf. Yo me sentía cómodo en esa situación, aunque sabía que no era auténtica, no me pertenecía, porque en ese ambiente era impensado ver a una pareja gay comiendo en el restaurante del club o participando en alguno de los eventos sociales sanisidrenses. En esos momentos (o cuando intentaba tener sexo con un hombre) me odiaba por ser gay, por no poder ligarme a una pendejita del entorno, casarme por la iglesia y jugar al tenis y simplemente pasarla bien. Ser marica tiene sus ventajas, claro, pero siempre pensé que todo hubiera sido más fácil estando del otro lado.

Ese domingo, en la mesa, no faltó nadie. Yo aproveché para preparar el terreno, empecé a largar un speech absolutamente estudiado (lleno de mentiras, por supuesto).

—Mañana empiezo el curso —dije mirando a mamá—. ¿Te acordás que te conté?

—¿Ya te vas? —preguntó preocupada.

—¿Curso de qué? —intervino Josefina, mi hermana mayor.

—De inglés de negocios, me estoy preparando para Miami, porque además de hacer notas voy a tener que ocuparme de la parte comercial de la revis —expliqué, asombrado por mi excelente actuación.

—¿Entonces mañana no dormís en casa? —insistió mamá.

—¿Por qué no va a dormir en casa, qué tiene que ver? —preguntó papá.

—No me trates como a una tarada —se defendió mamá—. A ver, Martín, explicale a tu padre, porque a mí siempre me hacen quedar como mentirosa.

—No, como es un curso acelerado, por un mes, tengo que ir todos los días, hasta las once de la noche, y me voy a quedar a dormir en el centro, para no volver tan tarde a San Isidro.

—Vas a domir en lo de tu abuela... —asumió papá.

—No, me quedo en el departamento de Matías, mi amigo, que vive por ahí cerca, y así...

—Viste, yo siempre dije que Martín era maricón —interrumpió Ignacio—. Ahora se va a vivir a con un tipo, lo único que falta —siguió, y se echó a reír.

Todos le festejaron la jodita, incluso mamá, que hizo a un lado su Coca light para dejar escapar una leve sonrisa. Yo me puse nervioso, colorado, y no supe qué contestar. Florencia me miró fijo, como gozando de la situación, y dijo irónica:

—Pero Ignacio, no seas asqueroso, ni lo digás, sabés que Martincito jamás haría una cosa así.

—Era un chiste, che —se defendió mi hermano mayor—. Bueno, entonces mañana te vas de casa...

—Sí —respondí—. Pero vengo los fines de semana.

—Y quién es ese Matías, ¿el que vino a esquiar con nosotros el invierno pasado? —preguntó Flor.

—Sí —contesté.

—¿Y dónde vive? —siguió, como queriendo que me confesase delante de toda la familia, que terminase de una buena vez con esta farsa que, por su cara, parecía enfermarla.

—En Palermo —dije con seguridad.

—Ah, dejanos el número de teléfono, así te llamamos. Y la dirección, por si te queremos ir a visitar —propuso, bien perra.

—Obvio, después les paso todo.

—¿Todo bien en la revista? —preguntó la mujer de mi hermano.

—Sí, todo bien, mucho trabajo, pero bien —respondí, sabiendo que mi mentira tenía patas cortas, aunque la verdad, mi verdad, no cabía en ese almuerzo, en ese club, en esa familia.

El lunes a la mañana fui a recibir el departamento que alquiló Felipe por todo el mes de abril. Mi chico llegaba a las ocho de la noche y yo quise encargarme personalmente de que estuviera todo bien dispuesto para darle la bienvenida. La representante inmobiliaria, una vieja tacaña y súper hinchapelotas, me tuvo dos horas revisando el inventario, enseñándome el funcionamiento de todos los aparatos y, sobre todo, advirtiéndome sobre la penalidad de cada pérdida, rotura o imprevisto.

—¿Tengo que cancelar algún adelanto?—pregunté, sabiendo que la respuesta era negativa, aunque sufriendo por temor a equivocarme.

—No, tu padre, el señor Brown, ya dejó todo arreglado —dijo la vieja—. Bueno, querido, te dejo, decile a tu padre que cualquier cosita me llame.

Se fue golpeando los tacos contra el piso. ¿Tu padre?, pensé. Vieja de mierda, si mi novio te llega a escuchar te rompe las piernas, y de paso te revienta esas varices putrefactas que me dan ganas de vomitar.

El edificio, ubicado en la zona del Botánico, era uno de esos bien modernos que incluyen pileta, gimnasio, laundry, salón de fiestas y un portero chupamedias capaz de cualquier cosa por una buena propina. El depa tenía dos cuartos, el principal en suite con hidromasaje y vestidor, un living todo vidriado (lleno de luz, demasiada luz para mi gusto), la cocina cubierta de acero y unos muebles vanguardistas más incómodos que la mierda.

Cuando se fue la vieja me quedé una hora revisando cajones, muebles y armarios, chequeando los baños, la tele, el DVD y el equipo de música. Todo funcionaba a la perfección. Después me aburrí, eran las dos de la tarde y no tenía nada que hacer. Ninguno de mis amigos o amigas estaba disponible a esa hora. Llamé a mi abuela, que vivía cerca del depa, para ver si me invitaba a almorzar a su casa. Me atendió la mucama, con un bullicio de cotorras de fondo: "La señora tiene visitas, ¿quiere que se la pase?", me dijo. Y yo: "No, está bien, gracias, chau", y me quedé pensando, inmóvil, al lado del teléfono.

Mis tribulaciones entre la nada misma se vieron interrumpidas por el furioso timbre. Corrí a la puerta, miré a través del agujerito y abrí sin dudar. Fue un abrazo fuerte, necesario.

—¡Sorpresa!

Era Felipe, con una gran sonrisa, más lindo que nunca.

—¡Mi amor! ¿Qué hacés acá?

—Me vine en el primer vuelo de la madrugada, no podía esperar para verte.

Nos dimos un beso largo, rico. Sentí su perfume, su olor, su piel.

—Te extrañé —le dije.

—Yo también, no sabes cuánto —respondió, y siguió besándome.

Luego del reconocimiento inicial, de las primeras caricias y los inevitables revolcones, hablamos del vuelo, del clima, de Buenos Aires, y nos pusimos al día mientras Felipe recorría el departamento y acomodaba sus cosas.

—¿Has visto lo grande que es la tina? —preguntó.

—¿Qué cosa? Ah, la bañadera, sí, es enorme, es un jacuzzi en realidad... y tiene hidromasaje.

—Creo que me voy a dar un baño —dijo, y echó a correr el agua, que se empezó a acumular en el jacuzzi—. Podrías acompañarme —propuso, y comenzó a desnudarse.

—Yo, feliz —contesté, y me saqué toda la ropa.

Nos acostamos en el agua tibia, él abajo y yo encima, con mi espalda delgada sobre su pecho ancho; mis piernas, lánguidas, cruzadas con las suyas, gruesas, musculosas; mi parte de atrás, acoplada a su parte de adelante formando algo difícil, imperfecto. En realidad, solo alcanzamos a tocarnos, fuerte, rico, pero en nuestras mentes uno entraba en el otro con la misma facilidad que cualquier pareja.

VEINTICUATRO

Los primeros días de aquella rutina porteña estuvieron marcados por los eventos sociales. Entre los amigos argentinos de Felipe y mis amigas, que morían por conocerlo, todas las noches teníamos una comida con alguien diferente. Yo me levantaba a las diez, como mucho, y me quedaba leyendo hasta las dos de la tarde. La radio, la televisión, o hasta el ruido del water eran suficientes para despertar a Felipe de su octavo sueño, por lo que mis opciones se limitaban a leer o bajar al gym. A esa hora bajábamos a tomar un jugo de naranja al bar de la esquina, leíamos el diario, almorzábamos en algún restaurante de Palermo y nos mirábamos las caras. Algunas tardes íbamos a ver una peli al Village Recoleta, y otras, Felipe hacía sus cosas de la tele mientras yo aprovechaba los últimos días con mis amigos. Todas las noches, antes de salir, llamaba a mamá desde mi celular tratando de evitar que ella marcase el número de Matías, que por cierto estaba alertado para, en caso de emergencia, decir: "Martín salió, no sé a dónde", o: "Se está bañando, ya le digo que te llame", y enseguida darme la señal de alarma en mi celu. Cecilia, la recepcionista de la revis, también formaba parte de la conspiración que yo mismo monté para engañar a mamá. "Ceci, please, a cualquiera que llame, solo por este mes, no le digas que renuncié. Decí que no estoy y preguntá quién es, y si atendés a mamá me llamás al celu, ¿sí?", le rogué, y aunque mi pedido le pareció un disparate, me conocía hacía tantos años que le divirtió la idea de ayudarme.

Un día cualquiera de la segunda semana de abril, el sol de otoño iluminaba Buenos Aires y el cielo se mostraba limpio, eterno. A las tres y media de la tarde, después del jugo y los diarios de todos los días, nos sentamos en la mesa más escondida de la terraza de Lomo, uno de los restaurantes más tops de Palermo Soho. Yo había estado toda la mañana pensando en el futuro, el trabajo, las mentiras a mi familia, las cuentas que Felipe pagaba una y otra vez, y el bendito viaje a Miami. Con todo esto dándome vueltas en la cabeza, mi cara de preocupación se hizo evidente.

—¿Estás bien? —preguntó Felipe.

—Sí, claro —mentí.

Trajeron dos pollos al wok y empezamos a comer en silencio.

—¿Estás arrepentido de haber renunciado? —volvió a preguntar.

—No, para nada. Ya estaba harto de ese trabajo.

—Bueno, entonces me quedo más tranquilo.

—¿Vos qué tenés que ver? No te hagas cargo —me apuré en aclararle.

—No, porque como te dije en aquel mail, no me parecía bueno que renunciaras por mí solo para que tuviéramos más tiempo para estar juntos este...

—Creí que estaba clarísimo que ese no era el motivo, ¿acaso yo te hice algún reclamo? —pregunté, con un tono de voz poco amable.

—No, yo no he dicho eso, simplemente no me gusta verte con mala cara, saber que no estás contento.

—¿Qué querés, que ande todo el día con cara de feliz cumpleaños? Sorry, no me sale.

—Qué graciosa esa expresión, "cara de feliz cumpleaños"... Ustedes los argentinos hablan tan gracioso.

—...

—No estés molesto, ¿ya? Todo va a salir bien, te prometo. Ahora solo tenemos que pasarla bien acá y después nos vamos a Miami, ¿sí?

—Sí... gracias.

—De nada —dijo acariciándome la pierna—. Por cierto, tenemos que organizar tu cumple. Ya hablé con la gente de Olsen, están dispuestos a cerrar el lugar solo para nosotros.

Ahí me cambió la cara. La idea de cerrar el lugar más in de Buenos Aires para mí solito, para invitar a toda la gente que yo quisiera, me parecía un sueño.

—No, es una locura, te va a salir una fortuna —dije, sabiendo que no me haría caso.

—No, no, no. Te prohíbo que me discutas —dijo, ahora acariciándome entre las piernas—. Son tus veinticinco, un cuarto de siglo, una edad preciosa, y los vamos a festejar como corresponde.

—¿No te parece too much?

—Vos —me dijo, porque a esta altura ya se le escapaba la tonadita argentina que mezclaba con la peruana—, no tenés que hacer nada. Solo me pasas la lista de invitados y yo me encargo del resto. ¿Cuánta gente has calculado?

—Unos sesenta, menos que eso, imposible. Pero lo hacemos después de comer, con muchos tragos y algo para picar...

—¿Estás loco? Ni hablar, vamos a poner mesas, con dos o tres opciones de platos, y vos te vas a pasear por el salón como si fueras la novia, ¿de acuerdo? —propuso entre risas.

—Bueno, si insistís...

El día de la fiesta nos dedicamos pura y exclusivamente a mi producción personal. A Felipe le aburría el tema de la ropa, las peluquerías y todas esas cosas de marica que a mí siempre me gustaron. Pero el martes 15 de abril era mi día, y en honor a eso no solo me organizó una fiesta re top, sino que también me llevó a recorrer las mejores tiendas de Buenos Aires para encontrar el vestuario adecuado. Después de varios taxis y muchas horas de shopping —y una increíble voluntad por parte de Felipe para seguirme el ritmo y tolerar mis caprichos de fashion victim—, me decidí por un pantalón de pana colorado, hecho a mi medida, de la tienda palermiana Amor Mío; una camisa de manga larga y cuello ancho, de Zara, estampada con florcitas en varios tonos de marrón y algunas coloradas que hacían juego con el pantalón; y zapatillas de cuero color camel de Airborn. El conjunto quedó perfecto. Después fuimos a La Lúdica, una peluquería modernosa donde me cortaron las puntas y me hicieron un peinado extraño con el secador. Felipe quedó exhausto, su cara lo decía todo. Parecía harto de mis caprichitos frívolones, aunque en vez de quejarse siempre me ofrecía más.

A las nueve y media llegamos a Olsen, el lugar de la fiesta. En el jardín de entrada se habían dispuesto varios sillones blancos para que los fumadores se envenenasen al aire libre y no me llenasen la fiesta de humo. Ese había sido el único pedido de Felipe, que se moría de solo ver un cigarrillo prendido. Adentro sonaba un chill out suavecito, agradable, las mesas estaban listas para recibir a mis amigos, y la barra para emborracharlos. Pronto empezaron a llegar los primeros invitados, todos súper arreglados (la invitación decía: "Venir producidos"), y a la media hora no faltaba nadie. Ya estaba toda la gente de la revis, los chicos del centro, Gonza y Maru (su chica), María (mi primera novia), Victoria, algunas amigas de la universidad, mi prima (la única que sabía de Felipe), Gabi y su novio de turno y otros amigos y amigas de la vida. María Paz y unos escritores chilenos amigos de Felipe viajaron especialmente para la ocasión. Más tops, imposible. Todo me parecía un sueño, no podía creer que tanta gente estuviera ahí reunida por mí. Antes de sentarnos a comer hubo un bandejeo que incluyó ocho clases de shots de vodka (la especialidad del lugar) y unos canapés nórdicos exquisitos.

En mi mesa se sentaron Vic y su chico, Gonza y su chica, Sofi (mi mejor amiga de la universidad), Clau (mi mejor amiga del colegio de San Isidro) y Felipe, obvio. Todo marchaba a la perfección, y cada cinco minutos se acercaba alguien a decirme lo bien que la estaba pasando. Mientras comíamos el postre, María, con su vestido gris plata, sus ojos azules y esa cara de angelito que me enamoró la primera vez que la vi, se acercó al micrófono y empezó a cantarme el Feliz Cumpleaños. El resto de los invitados se plegó enseguida y en un instante me encontré con sesenta personas que me miraban con amor, cariño, orgullo y coreaban mi nombre. Después vinieron los aplausos, los saludos, y tuve que acercarme al micrófono, casi llorando de la emoción, para agradecerles a todos por haber ido. Volví a mi mesa y, con las miradas todavía siguiéndome, abracé a Felipe y le di un beso en la boca (días después, varios de los presentes me confesarían que esa había sido la primera vez que habían visto, en vivo y en directo, a dos hombres besándose).

María empezó a cantar con ese inmenso caudal de voz que tanto me estremecía. Me dedicó "Beautiful", de Cristina Aguilera, y a Felipe le cantó "Ángel", de Sara McLachlan. Luego, Vic agarró el micrófono para dar otro mini recital, más rockero que el de Mari, tras el cual la fiesta se transformó en una especie de karaoke en el que cada invitado quiso tener su minuto de gloria.

Antes de que la gente emprendiera la retirada, Gabi pidió un minuto de silencio y empezó a dar un mini discurso. Llevaba unos pantalones brillosos, apretados (símil piel de lagarto) y una remera sin mangas negra con dibujos en dorado. "Bueno", dijo abanicándose con la mano. "Ante todo quiero agradecer a Martín y a Felipe por esta fiesta increíble. Gracias por invitarme, la pasé muy bien. Pero principalmente quiero desearles muchísima suerte en esta nueva aventura que van a emprender en Miami. ¡Esto, más que un cumpleaños, parece un casamiento!", dijo lanzando una carcajada celebrada por todos. "No, en serio, los veo muy fuertes como pareja y sé que la convivencia les va a venir bien. A vos, Martín", giró la cabeza a mi lado, "todos los éxitos para tu nueva vida en el primer mundo. Y a vos, Felipe, gracias por hacer tan feliz a mi amigo… y cuidámelo, porque si no todos los que estamos acá te vamos a ir a buscar, ¿ok?". La gente festejó a Gabi, aplaudió y siguió tomando. Después del discurso, cada persona que se acercaba a nuestra mesa hacía un comentario del viaje: "¿Así que ya te vas?", "No sabía que iba tan en serio la cosa", "¡Martincito, nos abandonás!", "Felipe, please, cuidalo", fueron las frases que se repitieron hasta el final de la fiesta. Cuando todo terminó, cuando todos se despidieron llenándome de halagos, felicitaciones y agradecimientos, Felipe me ayudó a cargar las bolsas con regalos y volvimos a casa, muertos de cansancio. No hablamos en el auto y, una vez en el departamento, él fue a su cuarto con un frío saludo de buenas noches y yo me quedé confundido, triste, sin saber qué pasaba por su cabeza, por qué parecía tan molesto conmigo.

El día siguiente lo pasé en San Isidro, con la familia. Traté de evadir el tema del trabajo, del viaje y de cualquier proyecto futuro. En lugar de eso, dejé que cada uno hablara de sus cosas e intervine lo menos posible en la conversación. A mamá no le gustaba tocar el asunto Miami porque se ponía mal de solo pensar que me iría a vivir afuera. Después del té con torta y una larga sobremesa, a las siete y media de la tarde volví para el centro. Cuando llegué Felipe leía en su cuarto, así que aproveché para darme un baño y chequear los regalos del día anterior. Estaba feliz entre tantos libros, compacts y remeritas de todos colores. A las ocho y media, Felipe propuso ir a comer a Bella Italia, "antes de que se llene de gente", dijo. Yo acepté encantado y me puse una de las remeras nuevas debajo de mi camperita de cuero negra.

Efectivamente, el lugar todavía estaba vacío. La recepcionista, embobada con Felipe, lo saludó con un beso y nos dio la mesa de siempre en el sector no fumadores. El lugar era elegante, caro, y siempre se llenaba de matrimonios de la high porteña que aún se resistían a la idea de caer en los típicos restaurancitos fashion de Palermo. Pedimos una tabla de quesos con prosciutto y unos penne primavera. Felipe mantenía la misma cara de orto de la noche anterior.

—¿Estás bien? —pregunté, sabiendo que estaba todo mal.

—Sí, claro —respondió secamente.

—Ya me imagino lo que te jodió que todos mis amigos hablasen del viaje como si acabáramos de casarnos.

—No, para serte franco me da igual lo que digan tus amigos —dijo, y se quedó pensando—. El problema es que lo pienses tú, las fantasías que tengas —siguió.

—No sé por qué al boludo de Gabi se le ocurrió hacer ese anuncio, pero no importa, lo que cuenta es que yo tenga las cosas claras, ¿no te parece?

—Justamente, lo que me parece es que estás algo confundido.

—Para nada, la idea es pasar un tiempo allá, escribiendo, ¿no habíamos quedado en eso?, ¿no es lo que me ofreciste? Ahora, si estás arrepentido, todo bien, me decís y listo, no creas que yo...

—Son demasiadas presiones: tu renuncia, el viaje, el anuncio público... Lo único que pretendo es que tengamos un plan. A ver, ¿tú tienes un plan?

—...

—¿Cuánto tiempo te piensas quedar? ¿Vas a querer tener un trabajo? ¿Te vas a molestar cada vez que te quiera dar algo de plata? ¿Qué vas a hacer cuando viaje? Porque, no te olvides, yo viajo cada dos semanas —dijo irritado.

Seguí callado. No tenía respuesta a ninguna de sus preguntas. Es cierto, no había argumentos razonables que justificaran mi partida. En términos racionales no era conveniente: yo no tenía plata ahorrada, en Miami no conocía a nadie, allá no me esperaba un trabajo seguro y las únicas posibilidades de ganar algo de plata eran lavando copas o sirviendo platos. Y eso para sobrevivir, con suerte. Pensándolo fríamente, Felipe tenía razón, pero a mí nunca se me había ocurrido analizar las cosas en esos términos. Yo solo quería que mi novio me subiera a su avión y me siguiera mimando como lo había hecho desde el momento en que nos conocimos.

—¿Y tu familia? —siguió, como retándome—. ¿Qué les vas a decir? No puedes seguir con una mentira tan grande. Si te pasa algo, si te enfermas, ¿qué hago?, ¿a quién se supone que debo avisar? Creo que antes de hacer cualquier cosa deberíamos aclarar estos puntos, porque... ¿Estás llorando?

—...

—Mi amor —dijo agarrándome la mano frente a un par de viejas que parecían escandalizadas con la escena—. No llores, pues. Ya, mejor hablemos de otra cosa. Come, que no has probado nada.

Las lágrimas siguieron cayendo de a poco, sin gritos, sin histerias.

—No te preocupes —alcancé a decir—. Me quedo en casa y listo. No sabía que era todo tan complicado.

—No digas eso. Yo no quiero que te quedes, por favor, no me entiendas mal.

—No, ya está, todo bien.

—No, no, tú te vienes conmigo. Eso sí, solo un par de meses, hasta que lleguen las nenas para sus vacaciones, y luego vemos. Lo que no quiero es prometerte más que eso, no puedo —insistió.

—Yo no te pedí ninguna promesa —me defendí, tratando de secarme los ojos con una servilleta.

—Lo sé, pero mi vida es muy complicada, no me puedo comprometer a largo plazo, ¿me entiendes?

—Lo mejor es que cada uno se quede en su casa y no le joda la vida al otro, creo que ese es tu punto. Ok, lo acepto.

—Te equivocas, yo quiero que vengas, pero sin compromisos.

—Mejor no voy.

—Que sí.

—No.

—Ven, vamos a tomar un helado, a ver si logro convencerte —dijo forzando una sonrisa—. Esto se está llenando demasiado para mi gusto.

Pagó la cuenta y enfilamos para la salida.

—¡Felipe! —gritó una voz de mujer.

—¡Susana! —respondió él, dándose vuelta.

—¡Susana Giménez! —le dije al oído— ¿Qué hace acá? ¿La conocés?

—Espérame que voy a saludarla —me dijo y se acercó a la mesa de la diva.

Intercambiaron besos, abrazos, elogios, y se quedaron charlando. Yo me tuve que acomodar en el hall de entrada para no entorpecer el tránsito de los camareros. "¿Qué hace toda esa gente ahí?", le pregunté a la recepcionista. "Está lleno de famosos", me contestó. "Parece que festejan el cumpleaños del Corcho Rodríguez, el novio de Susana", siguió entusiasmada. "Ah, mirá vos", le dije, y me quedé parado contra la pared, con cara de culo porque Felipe seguía hablando con las estrellitas y me había hecho a un lado olímpicamente.

—Perdona —me dijo después de diez eternos minutos— No podía dejar de saludar.

—Todo bien, ¿vamos? —dije

—Sí, vamos —dijo y me tomó del brazo.

Al abrir la puerta, los flashes me encandilaron de tal forma que solo alcancé a cerrar los ojos y cubrirme la cara. Felipe trató de escapar, pero ya era demasiado tarde. Las cámaras nos rodearon y los periodistas empezaron a acosarnos con sus micrófonos, como si se tratara de una conferencia de prensa. "Felipe, ¿viniste al cumpleaños del Corcho? ¿Qué te trae por Buenos Aires? ¿Sos amigo de Susana? ¿Quién es ese chico con el que saliste?". Felipe puso su mejor sonrisa, respondió lo que pudo y corrió al taxi, donde yo lo esperaba temeroso y avergonzado.

—¿Hola?

—¿Martín?

—¿Papá? Ah, hola pá, ¿qué hacés?

—Escuchame, acabo de llamar a tu oficina y me dijeron que no trabajabas más ahí...

—Bueno, justo te iba a explicar...

—Y tu madre me acaba de llamar hecha una loca diciendo que te vio en una revista.

—...

—Tenemos que hablar. Te espero hoy a las cinco en casa.

—Bueno.

—Chau.

—Chau.

Apagué el celular con la mano todavía temblorosa. Corrí al quiosco más cercano y compré todas las revistas de chismes. "Exclusivo: El Novio Argentino de Felipe Brown", titulaba una de ellas en la portada. Me quedé helado. Tenía que pasar, alguna vez se darían cuenta, y ese momento había llegado. Me fui rápido, avergonzado, tratando de cubrirme la cara para que el canillita no me reconociera. ¿Cómo van a reaccionar? ¿Con qué cara los voy a mirar? ¿Me aceptarán así o tratarán de cambiarme? ¿Qué dirán de Felipe?, pensé. No, no puedo ir a casa sabiendo que todos saben que me acuesto con un tipo, *con ese tipo,* como dirían ellos. Soy un cagón, no tengo los huevos para defenderlo, para decir que lo amo, que lo extraño más que a ellos, mi propia familia. De nuevo sonó el celular.

—¿Sí?

—¡Boludo, dice mi vieja que te vio con Felipe en todas la revistas de chismes!

—Ya sé, Gonza, ya sé.

—Estás jodido...

—No me lo recuerdes.

—¿Qué vas a hacer?

—No sé, sorry, te llamo más tarde.

Miré la hora: dos de la tarde. Felipe seguía encerrado en su cuarto, durmiendo como un oso en época de hibernación. Por un momento dudé en ir a despertarlo, debía contarle lo que estaba pasando, pero a esta altura ya tenía claro que interrumpir su sueño podía acarrear consecuencias fatales. Volvió a sonar el celular.

—¿Quién es?

—¿Martincito?

—¿Sí?

—Soy yo, tu abuela.

—Isabel, ¿qué tal?

—Decime que no es verdad…

—Disculpame, ahora no puedo hablar.

—Pero…

—Chau.

Apagué el teléfono. Felipe se despertó de mal humor por los ruidos de mis conversaciones. Le expliqué el problema y le mostré las revistas. Me consoló, me dijo que todo iba a estar bien, que contase con él para lo que sea, y que enfrentase a mis padres con la verdad, "no matter what". Lo abracé y lloré. Sentí su cuerpo caliente luego de diez horas de sueño, el olor de su piel. Después de almorzar manejé muerto de miedo hasta San Isidro para reunirme con papá. Cuando me vio entrar a casa me propuso ir al bar de la esquina para hablar más tranquilos. Una vez sentados frente a frente, yo con mi Cocacola y él con su taza de té, empezó el discurso. Se le notaba nervioso, incómodo.

—Mirá, vos sos mi hijo, y para mí eso es lo más importante. Hagas lo que hagas, yo siempre te voy a apoyar en lo que sea.

—Gracias —le dije ya emocionado.

—Yo sé que vos sos una persona seria, responsable y por mí podés salir con quien quieras. Ahora, lo que sí me molesta, y mucho, es la mentira.

—Tenés razón.

—Te voy a ser sincero. Para mí, no es nada nuevo que seas homosexual —usó ese término, cosa que me pareció chocante, una situación algo surrealista viniendo de mi propio padre—. Siempre lo sospeché, y últimamente, no me preguntes por qué, me parecía que andabas en algo raro. Pero vos sabés que nunca los jodí con esos temas, nunca me metí en tus cosas ni en los asuntos de tus hermanos. Ahora, lo que sí me mató fue llamarte a la oficina y que me dijeran que no trabajabas más ahí... No entendí nada, hasta me asusté, imaginate.

—Claro, seguro, tenés razón —volví a decir.

—Me sentí decepcionado, no sé cómo explicarte... engañado. ¿Cómo pudiste inventar tantas mentiras?

—Ponete en mi lugar, ¿qué les iba a decir? No es fácil...

—Entiendo, pero de ahora en más tratemos de ser más sinceros. Cualquier cosa que hagas me la tenés que decir, con la verdad, y sabés que yo te voy a ayudar en lo que sea.

—Bueno, gracias.

—¿Y eso de Brown que vio tu madre en las revistas? ¿Qué hacías saliendo de un restaurante con ese tipo?

—No digas *ese tipo*. Estamos saliendo, ¿algún problema?

—No, yo solo quiero que estés bien —trató de hacerse el cool, aunque su cara mostraba todo lo contrario.

—¿Y mamá qué dice de todo esto?

—Ya conocés a tu madre, no hace falta que te explique. Está insoportable, no entiende nada...

—Se imagina cualquier cosa...

—Se hace un mundo, dice que Brown es un drogadicto, un pervertido, que te va a lavar la cabeza… Y empezó con que vos estás metido en drogas, que salís todas las noches, que el tema del sida...

—¡Está loca! —reaccioné.

—Entendela. Sabés en qué mundo se crió, sabés que tu abuelo era un castrador incurable.

—¡Ah! Hablando de eso, hoy me llamó Isabel, indignada, no sabés, le tuve que cortar.

—Sí, ya sé, tu abuela se volvió loca, lo único que le preocupa es el escándalo familiar y religioso. Cuando tu madre y yo estábamos de novios, una vez nos pescó juntos en la ducha y empezó a gritar: "¡La Virgen llora, si ve esto, la Virgen llora!".

—¡No, qué gracioso!

—A mí ya me hartaron, imaginate, ¡treinta años de casado! —dijo resignado.

—Pero es importante que te aclare un par de cosas, pá. Primero, que Felipe es súper serio: no se droga, no me manipula, ni siquiera sale de noche... es más santo que todos nosotros. Además, si supieras lo que se preocupa por mí, todas las cosas que me da, lo bien que me trata.

—Perfecto, te creo. ¿Viste que las cosas hay que hablarlas? Yo confío plenamente en vos y sé que si estás con alguien es por algo. Pero si no me decís nada, no sé qué pensar, ¿entendés?

—Sí, ya sé. Pero pará, lo otro que te quería decir: que salga con un tipo no significa que sea promiscuo, ni que me drogue, ni que ande como una loca de levante todos los días en una disco diferente.

—¿Pero vos te pensás que yo nací ayer? Esas explicaciones guardalas para tu madre. Yo sé que una cosa es ser puto y otra muy distinta ser homosexual. Que te gusten los hombres no significa que seas puto, eso lo tengo clarísimo —me explicó, con una naturalidad que me dejó pasmado.

—Bueno, no te hacía tan informado —dije sorprendido.

—¿Cómo vas a saber lo que pienso si nunca me hablás? Siempre estás ignorándome, no me contás nada, no dejás que me acerque...

—Tenés razón, sorry, no sé por qué soy así.

—No importa, no te estoy reprochando nada. Ahora vamos a ver a tu madre, que está como loca.

Volvimos a casa. Mamá estaba sola, en uno de los sillones del living, mirando a la ventana, con los ojos llorosos. Al verme entrar se acercó y me abrazó. No me soltaba.

—¿Cómo estás? —le dije.

—...

—Mamá, solo te voy a decir una cosa: no dramatices.

—¿Por qué me insultás?

—¿Perdón? Que yo sepa, el verbo "dramatizar" no es un insulto.

—No me trates mal, que esto es muy difícil para mí.

—No te trato mal, solo quiero decirte que estoy bien, que no me drogo, no tengo sida ni hago ninguna de esas huevadas que andás diciendo.

—Yo solo quiero que estés bien.

—Bueno, acá me ves, sano y salvo. Mejor, imposible.

—Me debés una explicación...

—No, mami, disculpame, pero acabo de tener una charla con papá, y ya le dije todo, no me quedó nada por explicar. Así que ahora me voy a ir y él te va a contestar detalladamente todo lo que quieras preguntarle.

—¿Cómo? ¿Te vas a ir?

—Sí, má, no me siento cómodo acá con todo el escándalo que se armó. Hace un rato me llamó tu madre, hecha una loca, y ahora vienen las chicas, Ignacio, Javier... ¿qué les voy a decir?

—Esta sigue siendo tu casa.

—Gracias, pero sabés que va a ser mejor que me vaya.

—Como quieras.

—Bueno, chau, te llamo.

—Vení, dame un beso —dijo, y me volvió a abrazar,

igual de fuerte, igual de largo—. Ah, tomá, te escribí esto, leélo después.

—Gracias —le dije, y guardé una carta en mi bolsillo antes de darle el beso final.

Me despedí de papá y salí de casa con una sensación de alivio que me resultaba totalmente novedosa. Ya no había historias que ocultar ni mentiras que inventar. Ya estaba todo dicho, expuesto. En el auto, antes de arrancar, me apuré a leer la carta de mamá, y empecé a llorar como un niño. Decía lo siguiente:

Mi muy querido hijo:
Te escribo para que nunca se te olvide, estés donde estés.

El día que naciste, el médico te puso sobre mí sin que te hubiesen bañado siquiera y te besé tanto y tan fuerte que todavía mantengo la misma sensación y el enorme amor intactos.

Lo que se acrecentó es el orgullo que siento por vos y no quiero que nada te lastime, ésa es mi gran preocupación.

Siempre voy a estar con vos.
Un beso,
Mamá.

VEINTICINCO

El nuevo hit de Beyoncé suena a todo volumen. "Crazy in love, crazy in love", grita la diosa negra mientras yo muevo el culo tratando de imitar su pasito. Es una coreografía difícil, bastante elaborada, sobre todo por ese movimiento de pelvis convulsionado, epiléptico, que impuso Shakira hace unos años y ahora todas imitan. Miro la tele, la pantalla plana, gigante, donde los videos de MTV pasan uno tras otro y me hacen cantar, bailar, subir o bajar el sonido. Estoy solo en el departamento del Botánico. Soy libre, puedo hacer lo que me dé la gana. Por eso la tele tan fuerte, por eso los gritos, las coreografías, la ropa tirada, el jacuzzi a punto de rebalsar, las ventanas cerradas, la casa totalmente a oscuras.

Felipe se fue hace tres días. Tuvo que adelantar su regreso a Miami por cuestiones de trabajo. Me lo dijo al día siguiente de mi charla con papá y de la carta de mamá. Le pareció buena idea de que yo aprovechase los últimos días del depa, así él acomodaba todo para mi llegada a Miami. Yo le expliqué lo incómodo que me resultaba volver a casa luego del escándalo, aunque fuese solo por un tiempo. Entonces, acordamos que me mandaría el pasaje para viajar justo después de la entrega del departamento. Los días sin él habían corrido tranquilos, divertidos. Las despedidas con amigos, las salidas y las interminables reuniones

266

sociales no me dieron tiempo para hacerme cargo de mamá y su preocupación ante mi partida. Después de numerosos interrogatorios sobre dónde viviría, qué comería y qué haría en caso de enfermarme, decidí no contestarle el teléfono, dejar de darle explicaciones. "Solo voy a decirte que estoy muy bien, muy contento, así que te podés quedar tranquila", le repetí una y otra vez antes de comenzar a evadir sus llamadas.

Los días previos al viaje me volví un tanto insoportable y obsesivo. A mis amigos solo les hablaba de las bondades de Miami y el american dream, como si despreciara sus vidas porteñas y su mundo "tan limitado". Frente a mis colegas y ex compañeros de trabajo me hacía el superado, insinuando, sutil pero malvadamente, que las revistas argentinas ya me quedaban chicas, que eran todas un mierda sin presupuesto, sin ideas. "Allá es otra cosa", afirmaba con aires de divo. "Allá te pagan 400 dólares por una nota, lo que acá cobra un editor en todo un mes de laburo. ¿Te das cuenta lo que es este país?", decía, y por momentos sentía que todos me miraban con cara de culo, y pensaba: estos boludos se mueren de la envidia.

Felipe, que parecía estar bastante ocupado entre la tele y los preparativos para escribir su nueva novela, me mandaba solo un mail diario, no muy largo, hablando de cualquier cosa. Pero yo, que me había comprado varias tarjetas de larga distancia, lo llamaba dos o tres veces al día preguntando trivialidades como: "¿Te parece que lleve los rollers? ¿Y ropa un poquito más abrigada, valdrá la pena? ¿Y los compacts, los dejo?", pero él, no muy entusiasmado, insistía en que no me alterase con los preparativos, que hacía un calor insoportable como para pensar en ropa y que cuantas menos cosas llevara, mejor. "Solo trae tu laptop, así puedes escribir, porque yo voy a dedicarme enteramente a eso", me decía. Pero no le hice caso, y tres días antes de la partida ya tenía casi todo listo: una valija grande llena de ropa (sobre todo muchas remeras de colores que me había comprado especialmente), un bolso enorme con siete pares de zapatillas —tuve que elegir las que más me gustaban, dejando con mucha pena los ocho pares restantes en mi placard de San Isidro, a merced de mi hermano adolescente—, los rollers y un carry on con la laptot y el *neceser*.

Con todo listo para la partida, y 48 horas de anticipación a la fecha de reserva, me preparé para ir a las oficinas de American Airlines a retirar mi ticket en clase turista. Llamé a Felipe para confirmar el tema del pago, pero eran las doce del mediodía y a esa hora su teléfono estaba muerto. Sin el código no iba a poder retirar el pasaje, pensé, y enseguida me acordé que Felipe prometió pasármelo por mail. Como en el departamento no tenía Internet, decidí que lo mejor sería caminar, aunque fueran varias cuadras, hasta la oficina de American, y en el camino chequear mails, así de paso hacía mi recorrido de despedida por el centro de la ciudad. Me puse unos jeans, un abrigo, las zapatillas de Banana que me había regalado Felipe y su gorrita azul de Gap, que me dejó como recuerdo para que no lo extrañase. Al llegar a Santa Fe caminé por la avenida varias cuadras, buscando un ciber que no fuese tan pulgoso ni estuviese lleno de pendejos alienados jugando a matarse. Finalmente encontré un café literario con varias computadoras vacías y decidí que ese era el lugar indicado. Como no había desayunado, me pedí un jugo de naranja grande, igual a los que tomaba Felipe cada mañana, y me senté frente a la computadora con un lápiz y papel a mano para anotar el código de pasaje. Entré a Hotmail. Tenía un correo de Felipe. "Listo", pensé y agarré el lápiz. El mensaje era largo y no tenía números para anotar.

mi querido martín:

te escribo con pena y vergüenza. hubiera preferido no escribirte este mail. me siento un cobarde por hacerlo y te pido perdón porque sé que te lastimaré. te lo diré sin más rodeos: te amo mucho pero necesito estar solo. me abruma la idea de vivir juntos, no porque no te quiera, que tú sabés bien cuánto te amo, sino porque, desde que me separé de zoe, he sido muy feliz viviendo solo y no quiero perder eso, no veo por qué tendría que comprometer esa paz que tanto trabajo me ha costado conquistar. te ruego que me comprendas: no es que no te quiera, es que no puedo vivir contigo. estoy seguro que estarás mejor allá. la idea de que vengas a mi casa en miami a escribir una novela y jugar a ser una pareja feliz es, en realidad, y aunque nos duela, una ilusión boba, que no duraría mucho y con seguridad terminaría mal. yo no he nacido para vivir con alguien ni estar en pareja, estoy seguro de que mi estado natural es vivir solo. quiero que me entiendas bien: no estoy diciéndote que nuestro amor se ha terminado, yo sigo amándote, te amo más que nunca, me preocupa todo lo tuyo y sabes que soy tu hermano y aliado incondicional, pero creo que es una mala idea que vengas a vivir conmigo, porque, además, estoy comenzando a escribir una nueva novela y ahora más que nunca necesito estar solo para concentrarme en eso. si normalmente me gusta estar a solas en esta casa para hacer lo que me dé la gana y no darle cuenta de mis actos a nadie, cuando escribo, esa necesidad de aislarme, estar callado y hablar conmigo mismo y con mis personajes se hace más intensa, más urgente. no es que no te quiera, mi niño lindo, pero ante todo soy un escritor y ahora tengo que dedicarme con pasión a la novela y, créeme, no voy a poder escribir con vos en la casa, y si no puedo escribir, voy a estar de un humor de perros, te voy a poner mala cara y voy a joderte el viaje y hacerte muy infeliz. puede parecer egoísta todo esto que estoy diciéndote con lágrimas en los ojos, pero no lo es, es un acto de amor, porque estoy siendo responsable y honesto, aunque sé que me arries-

go a que me mandes a la mierda y no quieras verme más. solo te pido, por favor, que no te enojes conmigo, que no sientas que quiero estar solo porque no te amo, que trates de entenderme. sí, te prometí que podías venir a vivir conmigo en miami y ahora he cambiado de opinión, pero el tiempo que estuvimos juntos en el depa en palermo me confirmó que prefiero estar solo y que es una locura vivir juntos, más aún ahora que he comenzado mi nueva novela. debí decirte estas cosas allá, personalmente, pero no tuve valor, me dio miedo hacerte llorar y además quise pensarlas bien. perdóname por cancelar el viaje, sé cuánta ilusión tenías de venir. te prometo que, si no me odias y todavía quieres verme, iré apenas pueda a buenos aires y te besaré con todo el amor que sigo sintiendo por vos. pero ahora debo estar solo y escribir, aunque sea horrible decírtelo y me arriesgue a que lo nuestro se vaya al carajo. solo quiero que sepas que todo este tiempo que he pasado contigo ha sido el más feliz de mi vida y que estarás siempre en mi corazón. quiero estar solo pero te juro que te amo más de lo que nunca amé a nadie. sueño con verte pronto y abrazarte. por favor, dime que no me odias. te quiero con todo mi corazón. todos mis besos son tuyos.

El lápiz quedó suspendido sobre la mesa. Cerré el mail sin intentar una nueva lectura. No tuve fuerzas para llorar. Con la mente en blanco y la mirada perdida, pagué y salí. Caminé sin rumbo fijo. A mi lado, la gente andaba apurada, a paso firme, sabiendo a dónde iba, quién la esperaba. Envidié esa seguridad, esa certeza.

En algunos quioscos de la avenida todavía se exhibían las portadas con la foto delatora. Traté de ignorarlas, pero fue imposible. Me recordaban que todo había sido en vano, que ya nada tenía sentido.